HUAQIAO

GAODENG JIAOYU YANJIU 2019

华侨高等教育研究 2019

——第1辑——

陈颖◎主编

中国国际广播出版社

图书在版编目（CIP）数据

华侨高等教育研究．2019．第1辑／陈颖主编．--
北京：中国国际广播出版社，2019.5
ISBN 978-7-5078-4477-1

Ⅰ．①华… Ⅱ．①陈… Ⅲ．①华侨教育—高等教育—
研究—中国 Ⅳ．①G74

中国版本图书馆 CIP 数据核字（2019）第097016号

华侨高等教育研究．2019．第1辑

编　　者	陈　颖
责任编辑	张娟平
装帧设计	文人雅士
责任校对	李美清
出版发行	中国国际广播出版社［010-83139469 010-83139489（传真）］
社　　址	北京市西城区天宁寺前街2号北院A座一层 邮编：100055
网　　址	www.chirp.com.cn
经　　销	新华书店
印　　刷	廊坊市海涛印刷有限公司
开　　本	710×1000　1/16
字　　数	144千字
印　　张	11.25
版　　次	2019年5月　北京第一版
印　　次	2019年5月　第1次印刷
定　　价	48.00元

CRI 中国国际广播出版社　欢迎关注本社新浪官方微博　官方网站 www.chirp.cn

目　录

华文教育

学科建设

教育教学研究

课程国际化

高校管理

CONTENTS

华文新教师的成长困境及生存之道[①]

李　欣

摘　要：教师专业发展理论经过半个世纪的发展与完善，目前已经形成了较为成熟的发展阶段理论，可以应用于华文教师的专业成长研究。华文新教师处于专业成长的第一个阶段，面临“生存考验”，既要克服华文教学任务的挑战，也要克服新的学校新的人际环境的挑战。因此华文新教师的成长策略可以考虑主要从五个方面着手，即设立专门的新教师工作指导小组、建立导师制、建设华文新教师学习共同体、坚持“教学先行，管理跟上”的发展策略、为华文新教师制定个性化的发展计划等，此外，还要从制度、资源等方面给予充分支持。

关键词：教师专业发展阶段；华文新教师；专业成长

目前，海外各国的华文教育普遍面临教师短缺的问题，而其中新教师

① 基金项目：华侨大学哲学社会科学青年学者成长工程个人项目“‘一带一路’华文教育共同体构建研究”（项目编号：17SKGC－QG17）。

的离任成为许多海外华校难以承受之痛，严重困扰各国华文教育的可持续发展。不可否认，导致这一问题的原因很多，其中不乏工资待遇、社会地位等因素，然而，华文新教师缺少必要的帮助和指导也是不可忽视的因素之一。本文拟基于教师专业发展阶段理论中对新教师的研究来审视华文新教师的成长困境，并提出针对性的生存策略。

一、关于新教师生存阶段的理论研究

教师专业发展理论始于20世纪60年代末，以美国学者傅乐（Fuller）编制《教师关注问卷》为标志性事件。教师专业发展理论是“一种以探讨教师在历经职前、入职、在职及离职的整个职业生涯发展过程中所呈现的阶段性发展规律为主旨的理论。该理论以成人发展理论为基础理论，吸取了心理学、生理学、社会学以及人类生命科学等学科领域的研究方法与研究成果，建构了一套系统的理论体系。”[1]经过五十余年的发展，教师专业发展目前俨然成为世界范围内一个蓬勃的研究领域，有关新教师的研究也日益丰富。

傅乐在早期研究中发现，教师在成长过程中所关注的事物具有先后顺序，呈现出的四个发展阶段依次为：教学前关注（pre-teaching concerns）、早期生存关注（early concerns about survival）、教学情境关注（teaching situations concerns）、关注学生（concerns about students）。傅乐认为，“个人成为教师的这一历程经由关注自身、关注教学任务、最后才关注到学生的学习以及自身对学生的影响这样的发展阶段而逐渐递进的。”[2]进入70年代以后，美国学者卡茨（Katz）进一步发展了傅乐的研究，他针对学前教师的培训需求和专业发展目标，将教师专业发展分为四个时期——生存时期（survival）、巩固时期（consolidation）、更新时期（renewal）和成熟时期

（maturity）[3]；70年代末、80年代初，美国学者博登（Burden）通过对教师访谈的整理归纳，将教师专业成长划分为生存阶段（survival stage）、调整阶段（adjustment stage）和成熟阶段（mature stage）[4]；进入80年代以来，美国学者费斯勒（Fessler）从生命的自然老化过程和周期的角度研究，提出一套动态的教师生涯八阶段循环理论，生动呈现了教师在整个职业生涯的变化全貌。费斯勒认为入职阶段（induction）是教师最初任教的前几年，他们要学习教师角色社会化，要适应学校系统的运作[5]；到了80年代末，美国学者司蒂菲（Steffy）依据人本心理学派的自我实现理论建立了教师生涯发展模式，将教师生涯的发展划分为五个阶段：预备生涯阶段（anticipatory career stage）、专家生涯阶段（expert master career stage）、退缩生涯阶段（withdrawal career stage）、更新生涯阶段（renewal career stage）和退出生涯阶段（exit career stage）[6]。上述学者对于新教师所处阶段的描述详见表1：

表1　不同学者对新教师所处阶段的描述简表

学者	阶段名称	阶段描述
傅乐	早期生存关注	新教师首先经历的是早期生存关注，即关注自己能否在工作环境中生存下来。
卡茨	生存时期	新教师关心的是自己能否在新环境生存下去，这种情形可能持续一两年。
博登	生存阶段	新教师所关注的是班级管理、学科教学、教学技巧、教具的使用、如何了解学生，以及尽快做好教学工作。
费斯勒	入职阶段	新教师要努力表现，希望能被学生、同事、上级及其他人员所接纳，并设法稳妥地处理日常事务并从中获得信心。
司蒂菲	预备生涯阶段	此阶段的教师具有以下几个特征：理想主义、有活力、富有创意、接纳新观念、积极进取、努力向上。

综上所述，各学者的研究视角不一、研究方法各异，研究结果在表述上也各不相同，但在对新教师所处阶段的特征描述上总体趋于一致。新教师面临的首要问题就是学会生存，这是教师专业成长的第一步，也是事关

新教师能否留任的关键阶段。此阶段的教师关注基本的教学要求、班级管理的基本技巧，有活力和干劲儿，希望得到周围人的认可。但同时，心理压力较大，特别需要得到多种支持与鼓励。学者们认为，新教师通常需要两年左右的时间，才会进展到下一个阶段。

二、华文新教师生存阶段的特征描述

华文教师的生存阶段大约是入职的前两年左右，此阶段的华文教师刚进入新的教育环境，缺乏实际教学经验，因而对于教学活动及环境只有非常有限的知识，对所面对的各种事物（包括海外华文教学环境、教学对象等）都在适应过程中。个别教师可能因工作遭遇重挫、环境不适应而丧失信心。这一时期华文教师的主要任务是运用自己的理论知识，初步适应工作环境和达到基本业务要求，具体而言就是要实现以下三个转变。

（一）职业角色由“准华文教师”向“华文教师”转变

新入职的华文教师大多是刚刚走出校园的新人，因此，他们的职业角色需要从“准华文教师”向“初任华文教师”转变。他们在教学过程中关注的问题包括自身形象、工作方法、教学技能等，在获得华文教师身份的同时还尚未脱离原来的角色，他们的思想认识、行为举止离标准的华文教师的职业规范还有很大差距。所以，初上任的华文教师首先要从思想上明确自己的职业角色，努力向华文教师的下一个发展阶段过渡。

（二）职业心态由理想化向现实化转变

由于在真正进入教学课堂之前，华文教师对职业任务、课堂教学状态等还只是源于自我认知，所以刚步入这个阶段，他们可能发现仅有原来学习的汉语语言相关知识或者教学知识并不能完全适应或者胜任教学实践。新教师原有的各种对教师职业的幻想和新奇感逐渐消失，其拥有的职业信念、价值观及有限的知识技能在复杂多变的海外华文教育实践情景中往往显得不合时宜或是难以应对。有的新教师在开始做华文教师时理想远大、热血沸腾，可是随着教学问题的不断出现，在连续性失误或者挫折前就会对自己能否胜任华文教学工作感到怀疑，并对自己从事的华文教育事业产生怀疑。加之海外华文教师工资水平不高、社会地位不高、福利保障体系欠缺等现实原因，有的新教师会在这个时期萌生退意。而有的教师则会及时调整自己的心态和预期，逐渐对其所从事的华文教育工作产生感情，形成较为现实的职业心态。

（三）职业能力由理论性向实践性转变

在进入华文教育领域之前，“准华文教师”学习内容主要从理论学习中获取，多是一些陈述性知识，如一般教学原理、教材内容和教学方法等，他们对自己职前阶段从正规学校教育或者入职培训中所掌握的理论知识和教学技能充满信心，普遍表现出对教育工作的热情。不过他们很快会发现，实际的教育工作并非如此简单。虽然他们所学的专业知识完全能够满足教学需要，但是如何把握教学的重点和难点、如何进行有效教学、如何达到教学要求、如何管理课堂等这些问题常常让人无法适从。因此，此阶段华文教师关注的问题是自己如何在新的教学环境中生存下来，这包括对班级进行有效的管理、熟悉教学内容、应对上级的视察评价、受到学生与同事的肯定接纳等方面的内容。

三、华文新教师生存阶段的个案研究

为了印证上述特征描述在华文新教师个体身上的表现，研究者进行了一次质性实证研究。研究的访谈对象为菲律宾某华校新入职的初级华文教师男女各一名（白老师和陆老师），他们教龄均不满一年，均为菲律宾华裔，现担任菲律宾三语国民学校华文教师。

（一）研究设计

本文根据教师专业发展阶段论关于新教师的特征设计了 10 个问题（访谈问题详见表 2），据此分别对两位教师进行了一个小时的半封闭式访谈，访谈录音随后被转录为 1 万字的文本资料，研究人员采用扎根理论的方法对文本进行分析，整理出两位华文教师的共性特征。

表 2　菲律宾华文教师访谈问题一览表

序号	访谈问题
1	现在的工作热情怎么样？还有热情还是热情降低？有没有消极情绪？具体是什么？
2	与学生的关系怎么样？和家长、学校领导、同事的关系怎么样？是否有意识地与这些人建立良好关系？
3	评价一下自己把学到的教学理论应用到课堂教学中的情况？是否需要提高自己的教学理论学习？
4	对课程标准、教学要求、教材编排体系是否了解？了解的程度怎么样？
5	能否很好地处理教学内容？比如能否抓住重点、难点、关键点？
6	是否关注学生的特点和需要？是否能根据学生的情况选择教学方法？
7	是否想改善自己的教学方法？大概说说你做过哪些努力和改变？遇到的困难是什么？
8	是否觉得学科知识还有不足？自己采取了哪些措施？结果怎么样？
9	能否很好地管理课堂？比如：应对课堂上的突发状况。
10	在现阶段的工作中，比较关注哪些方面？

（二）访谈分析

通过对访谈资料的整理，可以看出受访教师根据自己实际的教学经验和感受谈出对学生、对自我、对教学环境的认知和评价。分析两位教师的回答，可以提炼出这两位华文新教师具有以下共性特点：

1. 在职业角色方面，两位教师都能够清晰地看待自己的华文教师身份，均表现出对工作特别是对学生的热情，甚至认为学生是其快乐的源泉，他们与学生的关系也处于良好的状态。

2. 在职业心态方面，虽然对新工作环境的不熟悉、处理人际关系的不顺利以及教学的压力让他们产生了一定的挫败感，但两位教师对华文教师的职业仍呈现积极心态。整体呈现出成就感和挫败感并存的情况，但仍以成就感为主。

3. 在职业能力方面，新入职的两位教师身上均表现薄弱。一方面是教育教学理论薄弱，另一方面，如何把理论运用到教学中也表现薄弱。教师们表示，这需要靠自己的教学历练和经验积累。在教学方面，他们能够有意识地去了解教材、大纲、教学要求等方面的知识。能关注学生的特点、需要和学习反馈，甚至能从更广泛的环境中去了解学生。能够把握教学内容、抓住重点难点、注重教学效果，能进行自我反思，能够发现自己在教学知识和教学方法上的欠缺，并都有不断改善的努力和意愿。

上述研究展现了华文新教师所面临困难的复杂性和多元性，研究结果尽管存在一定局限性，但也反映出了一些共性问题。总结起来，如果从是否与教学相关的角度看，这些问题可以被划分为教学问题与教学以外的问题；如果从问题的产生原因看，又可以划分为个人内在问题与组织环境问题。访谈中所反映出来的新入职教师教学特点和问题，为新教师的帮扶工作提供了重要参考和启示。

四、华文新教师专业成长的有效策略

针对华文新教师所面临的成长困境与转型挑战，海外华校等华教组织或机构应该采取哪些有效策略？

第一，设立专门的新教师工作指导小组。小组要负责诊断本学校新教师的发展需求、设计培训项目，特别要做好新教师入职培训工作。费斯勒认为“教师行业要想吸引好的教师并留住他们，非常紧要的是通过入职培训项目帮助新任教师”。入职培训是引导新教师进入专业角色，内化职业规范的过程，是帮助新教师进入职业角色的纽带。小组还要帮助新教师解决实际教学或班级管理上的困难，分析新教师存在的问题，监督新教师成长的情况，及时调整方向。特别要聘请具有丰富实践教学经验的资深华文教师来为新教师传道授业，理论联系实际，注重对新教师进行实务和实际教育教学经验的传授。

第二，建立导师制。初任教师由于缺乏教学经验，教学方法以模仿和借鉴前辈的优秀经验为主。鉴于此，应优先选拔校内优秀华文教师为新教师的导师，兼聘校外导师作为补充，形成了校内、外导师集体指导新教师的师徒结对；确定平等互利指向的带教目的，使师徒在平等交流的基础上促进双方的专业发展，实现教学相长；拓展多样的指导内容与方式，如：丰富带教内容，拓展指导方式；完善带教的评价与监督机制，建立以促进教师专业发展为目的的发展性教师评价制度，在没有奖励和惩罚的前提下，通过开展教师评价，促进全体教师的发展[7]。

第三，建立华文新教师学习共同体。“学习共同体”是人们为了学习而在共同条件下结成的学习集体，强调人际心理相容与沟通，在学习中能够发挥群体动力作用。新教师面临相似的问题，具有相对一致的利益诉求和发展需求，在这样的学习共同体中，他们可以通过深入交流、关注差异、分享心得等方式获得成长。学习共同体有助于新教师进行有效的教学回顾和反思，真正实践“反思性教学”。此外，学习共同体还具有社会强化的功能，新教师对共同体的归属感、认同感以及从其他成员身上所得到的尊重感能够让他们避免孤立无助的处境，有利于维持他们努力学习教学的活动。鉴于每个华校的华文教师人数有限，相邻华校之间可以结成跨校的华文新教师学习共同体，让每个新教师都能找到交流成长的平台。

第四，坚持“教学先行，管理跟上”的发展策略，把教学能力培养作为华文新教师专业成长的首要任务。一项针对海外汉语教师岗前培训的需求分析研究发现，新教师认为在海外教学时，针对不同国别、不同年龄段的学生，教学方法始终是最重要的，也是最关键的，适合学生特点的教学方法在教学中的作用是明显的[8]。而另一个有关留学生对汉语教师教学的期望的调查表明：留学生十分关注教师课堂教学的讲解能力和普通话标准程度；作为一位教师，“讲解清楚详细”理应是最基本的一项要求，也是一种较高的要求[9]。因此，华文新教师在专业成长的第一个阶段，必须重点关注教学方法与策略、课程设计与规划等方面的能力提升，力争用标准的普通话为学生详细清楚地授课。在确保教学质量的基础上，还要积极学习班级管理的有效方法，学会课堂教学与班级管理齐头并进两手抓。

第五，为华文新教师制定个性化的发展计划。每个人都是独特的个体，个性化的专业发展尤为重要，对新教师的引导或支持也应该具有针对性和发展性。根据新教师的特长给他们安排合适的教学任务和授课科目。特别要避免将艰难的教学任务分派给新任教师，以确保建立新教师的自信心。要根据新教师的不同需要和特长为他们制订发展计划。例如，对于处在生存期的具有研究生学历的新教师，学校要有计划、有目的地安排他们参加校内外的培训和交流，不断学习锻炼，拓宽视野，鼓励他们大胆创新，开拓进取，不断完善自我，提高教学水平、教学技能和心理素质。同时，要打破论资排辈的制度，为此类教师早日成才开辟绿色通道；学校还要善于挖掘他们的优势和潜能。对于研究能力确实很强的新教师，要着力将其培养为学校的科研骨干，适当减少其教学工作量，以确保对科研的投入。

除了上述几点之外，还要对华文新教师从制度、资源等方面给予充分的支持。海外华校要根据每位教师的实际情况来确定其是否已渡过生存期，而不应该采取根据进校时间一刀切的做法。由于个体因素的影响，尽管同时进校，每个新教师适应生存期所花费的时间是不一样的。对于有适应困难的教师，学校要及时帮助其分析原因，尽早过渡到下一个阶段。对于适应能力强、已经渡过生存期的教师，学校要给予肯定和鼓励，并帮助其制定下一个阶段的发展目标，安排其参加相应的培训，确保其专业成长的连贯性。

参考文献

[1] 杨秀玉．教师发展阶段论综述［J］．外国教育研究，1999（6）．

[2]［3］教育部师范教育司．教师专业化的理论与实践［M］．北京：人民教育出版社（2003）．

[4]［6］张维仪．教师教育改革与发展热点问题透视［M］．南京：南京师范大学出版社（2000）．

[5] 肖丽萍．国内外教师专业发展的研究评述［J］．中国教育学刊，2002（5）．

[7] 张强．“师徒制”与新教师专业发展的个案研究［D］．华东师范大学研究生学位论文，2009.

[8] 黄雯雯．海外汉语教师志愿者的岗前培训需求分析［J］．语言教学研究，2011（8）．

[9] 黄启庆，刘娟娟，杨春雍．外国留学生对汉语教师期望要素的初步调查［J］．云南师范大学学报（对外汉语教学与研究版），2013（3）．

华侨大学　华文教育研究院

特色之路：地方大学“双一流”建设的战略选择

陈　颖　贺　芬

摘　要：“双一流”建设为我国地方大学发展提供机遇也发出挑战。地方大学有着特殊的办学背景与办学资源，地方大学“双一流”建设应改变传统发展路径，选择特色发展战略。提出“双一流”建设背景下，地方大学的特色建设路径：形成“双一流”建设共识；发展需求导向的特色学科体系；创新特色化人才培养模式；提升服务社会能力；形成服务“双一流”建设的管理机制。

关键词：“双一流”建设；地方大学；特色战略

2015 年国务院颁布了《统筹推进世界一流大学和一流学科建设总体方案》（以下简称《方案》）[1]，2017 年 1 月，教育部、财政部、国家发展和改革委员会印发《统筹推进世界一流大学和一流学科建设实施办法（暂行）》（以下简称《实施办法》）[2]。“双一流”是当前国家高等教育发展的新战略，是国家新时期建设高等教育强国，提升高等教育整体质量的重要举措。不同以往“985”“211”工程的重点建设路径，“双一流”建设取消身份固化，实行开放竞争。因此，“双一流”战略的提出为我国地方大学跨越式发展提供了十分有利的机遇。地方大学如何在“双一流”的发展背景下把握发展机遇，根据自身实际选择科学的发展战略，走出一条不同的发展道路，实现新的历史时期下的跨越式发展，是一个具有理论价值与实践意义的问题。

一、地方大学在“双一流”战略中有所作为

国家的“双一流”建设战略是在我国经济社会发展到一个较高水平，高等教育规模明显扩大的背景下提出的。经过改革开放四十年的发展，我国经济社会发展需要“双一流”建设这样的高等教育战略。同时，改革开放四十年来，我国高等教育的规模已取得长足发展，2017 年，我国高等教育在学人数达到 3779 万人，但我国高等教育质量还存在明显的短板。我国过去实施重点大学计划，“211”工程和“985”工程建设主要是提高部分高校办学水平，而“双一流”建设是一个面向 21 世纪中期的战略。根据“双一流”建设总体方案设计，到 2020 年，我国将有若干所大学和一批学科进入世界一流行列，若干学科进入世界一流学科前列；到 2030 年，我国将有更多的大学和学科进入世界一流行列，若干所大学进入世界一流大学前列，一批学科进入世界一流学科前列，高等教育整体实力显著提升；到 21 世纪中叶，我国一流大学和一流学科的数量和实力进入世界前列，基本建成高等教育强国。“双一流”建设战略是指向我国高等教育长远发展的整体性规划，展望了我国高等教育在世界高等教育格局中的位置，具有整体性与长期性的特点。地方高校是指隶属各省、自治区、直辖市，办学经费主要依赖地方财政支持的高校。目前由地方行政部门划拨经费的高校有

2500多所，是我国高等教育体系的主体部分。我国有一批地方高校要成为“双一流”建设的主力军。

根据“双一流”建设《方案》和“双一流”建设《实施办法》，“双一流”建设采用不同于“211”工程和“985”工程的进入机制和评价方式，实行动态管理，建立开放竞争、绩效导向的调整机制。中央和地方财政都对地方大学的“双一流”建设给予支持。从外部制度设计上看，国家的“双一流”战略是引导并鼓励地方大学参与的。我国有一批地方大学是由原先行业院校转制，有一批是办学历史比较悠久的地方院校，这类地方大学具有行业性与地域性的优势，具有部属高校所没有的办学优势与办学资源。因此，这批地方大学完全可以通过差异化、特色化发展，抓住国家“双一流”建设的历史机遇，实现学校的跨越式发展。

二、地方大学“双一流”建设要走特色之路

大学特色是指大学在长期办学过程中积累的不同于其他大学的办学风貌，体现在人才培养、科学研究、社会服务、校园文化等不同层面，具有传承性、竞争性。特色之路是大学发展的一种战略选择。大学主动分析环境，根据社会、政府、市场的变化和要求，合理配置办学资源，走一条特色化、差异化发展道路。

（一）特色之路有利于地方大学释放办学活力

我国长期以来通过实施重点建设项目推动高等教育发展。重点建设是国家在资源紧缺情况下选择的建设路径，但是，重点建设也存在身份固化、竞争缺失、重复交叉等问题[3]。国家在推进“双一流”过程中强调以绩效为杠杆，建立激励约束机制，激发高校内生动力和发展活力，打破身

份固化、引入竞争机制并采取动态管理。同时，“双一流”建设方案提出给予学校更多自主权，允许高校根据学校综合改革方案，自主确定建设定位、选择合适建设路径、确定学科建设口径，支持学校探索不同的一流建设之路[4]。国家“双一流”建设的实施办法、保障措施等相关规定都赋予大学发展空间，鼓励大学发挥主动性、积极性，鼓励大学创新，激发办学活力是地方大学“双一流”建设的关键。尽管我国高等教育管理体制改革的趋势是权力下放，赋予大学更多的办学自主权，但是大学自身的主动性、积极性仍然不强。地方大学在与地方政府的互动中，大学的自主性、个性不够突出，发展的持续性和长远性常常被忽视。

战略选择具有方向引领、自我强化和自我调适的功能，正确的战略选择会形成整体系统的运作机制，引导大学朝着预定的轨道前行。地方大学选择特色发展之路意味着从战略高度应对“双一流”建设过程中的机遇与挑战。特色之路不同于以往按指令办学的模式，而是改变计划经济时代高校管理惯性的影响，从学校长远发展出发主动探索适合学校自身实际情况的发展路径，识别、传承和创造本校特色，并将其培育成为学校的核心竞争力。首先学校领导的主动性与积极性被激发，为学校的发展指引方向，并确保有效地分配与使用资源。其次，学校教职员工的积极性被调动起来。特色之路作为学校发展的战略选择，必然需要发挥学校全体教职员工的聪明才智，得到全体教职员工的认同与支持，全体教职员工积极参与到战略实施过程中。特色战略聚焦学校现有的办学资源与办学优势，以战略眼光重新审视办学现状，思考学校发展问题。在特色战略引导下的地方大学“双一流”建设目标不止于获取资源，而是把握外部机遇，实现学校的跨越式发展。

（二）特色之路有利于地方大学优化资源配置

资源是一所大学发展的关键要素，资源大小会影响大学内部变革和把握机会的能力[5]。由于我国高等教育长期实行重点建设策略，我国高等教育进入大众化阶段后，地方大学办学规模扩大与有限的办学资源之间的矛盾逐渐突出。目前各大学对“双一流”战略趋之若鹜，究其原因，主要是希望获取更多的办学资源。“双一流”战略在资源分配上引入竞争机制，地方大学办学资源有限，在人才资源、办学条件等方面远远不如中央部属大学。地方大学要想在竞争中取胜，需要通过创新机制，突破传统发展路径的方式在竞争中取得有利地位。不但要获取资源还要善于合理优化资源，并在资源配置过程中拓展资源渠道。

地方大学在规模扩大、经费拮据的背景下必须关注资源的使用效率。“有所为，有所不为”是特色战略的一个显著特点。特色战略引导下的“双一流”建设以办学特色为导向，集中资源重点建设学校的优势学科，形成学校的核心竞争力。资源的有效投入与外部环境中的机遇相结合，将“双一流”建设建立在资源的管理、利用、积蓄、拓展的循环之上。因此，学校领导层识别学校的办学特色，在资源分配上不再采取平均主义，而是重点投入建设特色学科、优势学科，并以特色为支点，带动其他学科发展。特色战略思维下的“双一流”建设目标不是仅仅为了从国家争取办学资源，而是把握外部资源，合理优化配置资源使资源效益最大化，最终目标是实现大学自身的发展。

（三）特色之路有利于地方大学突破路径依赖

根据制度组织理论，制度环境通过强迫机制、模仿机制与社会规范机制对组织产生影响。地方大学为取得组织的合法性与合理性以及组织发展的生存资源，主动或被动地按照政府要求的模式发展。我国部属大学成为地方大学竞相模仿的对象，地方大学往往按着部属大学的模式与路径发展。随着各类社会评估、排行榜对大学的影响日益扩大，评估指标体系成为各类大学发展的参照系。地方大学在这样制度环境下发展，存在着内外路径依赖。外部路径依赖是指习惯于适应政府、社会评价以及模仿一流大学或者国内部属重点大学的发展路径。内部路径依赖是指地域特点、办学传统、历史积淀、治理模式与领导风格对地方大学发展方向和路径选择产生着有形无形的影响，内部路径依赖具有隐蔽性、持久性与内生性，不容易改变。

如果不能突破原有的路径依赖，地方大学“双一流”建设只是在国家政策与资源的驱动下的惯性反应，无法激发学校的活力与优势资源，自然也不符合“双一流”建设的初衷。特色战略是学校领导层基于对学校办学情况、优势与不足的掌握与分析，对学校办学特色进行识别后对学校的发展目标做出的战略判断，是地方大学差异化发展的探索。特色战略有助于突破地方大学之前对外部资源与评价的依赖，发挥大学的自觉性、自主性与积极性。从“985”工程到“双一流”建设，国家高等教育发展正在经历路径性变革，由计划模式的“顶层设计”转向面对多样化的市场需求，因此地方大学发展路径的内在改革动力与自觉意识是参与“双一流”建设十分重要的要素。

三、“双一流”背景下地方大学特色战略实施路径

（一）选择差异化“双一流”建设路径

根据2018年教育部、财政部、国家发展改革委印发《关于高等学校加快“双一流”建设的指导意见》，国家“双一流”建设既有服务国家重大战略项目的要求，也有服务区域经济社会发展的需要。地方大学“双一流”建设过程中义不容辞地承担服务区域经济社会发展，提升对地方经济

建设的贡献度的建设任务。这就要求地方大学在“双一流”建设过程中必须走一条不同于部委高校“双一流”建设的差异化发展路径。差异化发展应成为地方大学“双一流”建设的共识，全校上下形成共同参与共同努力的氛围。

地方大学差异化的“双一流”建设路径主要体现在依托学校现有办学资源与办学优势，立足区域社会发展，之前具有行业背景的地方院校继续发挥服务行业的优势，实现地方大学与地方经济社会的深度合作，共同发展。地方大学“双一流”路径选择就是一个战略定位与战略实施的过程，回答地方大学要建成什么样的“双一流”、怎么建的问题。地方大学要建成什么样的“双一流”就是形成建设的愿景图画，明确建设目标。愿景图画是指向未来的，是抽象性的，需要通过实现阶段目标使之清晰明确。当地方大学明确“双一流”建设目标之后，就要将目标付诸行动，进入实施阶段。地方大学“双一流”建设愿景是瞄准地方经济社会发展需求，与地方社会形成良性互动，在服务地方社会过程中提升学科水平、提高人才培养质量。探索具有地方特色的专业建设、发掘地方经济建设新的制高点、与地方企业融合发展，这些都是差异化发展的具体实施路径，也是地方大学特色战略的具体表现。

（二）发展服务区域经济社会的特色学科体系

一流学科是“双一流”建设目标之一。学科是大学的核心，是大学的立足之本。大部分地方大学已经建立了比较齐全的学科体系，但学科之间发展不平衡的问题仍比较突出。一些有着行业背景、地域特点的地方大学拥有比较突出的特色学科，这些特色学科依托地域资源、历史文化资源、经济产业资源逐步成长起来，成为地方大学“双一流”建设的核心竞争力。地方大学的特色学科体系建设在观念层面上应跳出学术性学科建设的思路，立足以区域或行业特色发展为需求导向的特色学科体系。

地方大学的特色学科体系发展思路是：在内部重点发展服务区域经济社会的特色优势学科，以特色优势学科为基础向相关学科辐射，带动其他学科发展，逐渐形成特色学科群。在发展过程中打破学科之间的壁垒，放大集成发展效应。特色学科的优势资源还应向人才培养辐射，使学科建设与创新人才培养的目标相结合。在外部要把握区域发展需求，将服务社会需求作为学科建设发展的重要目标之一。社会需求蕴含着丰富的潜在资源，地方大学是在地方经济产业、文化传统的土壤中成长起来的，在把握地方社会需求、整合地方资源上有着天然的优势。地方大学在建设特色学科过程中要瞄准地方社会重大需求和产业转型升级的需要，建立与地方政府、行业组织的对接平台和项目，实现产学研一体化。

（三）探索特色化的人才培养模式

人才培养是大学的基本职能，也是“双一流”建设的重要任务。随着我国经济发展方式转变，社会需要大量技术转化型、复合应用型的高素质人才。地方大学是培养这类人才的主力军，因此在人才培养目标上应定位于应用型复合人才，具备专项职业能力和综合职业素养。地方大学鲜明的地域特点、行业特点都可以融入人才培养过程中，探索特色人才培养模式。首先，转变人才培养理念。人才培养理念上要突破学术型人才培养的思维定式，以培养基层社会需要的高素质应用型专门人才为根本任务。其次，强化特色专业。地方大学深入分析本地经济社会发展对人才的需求取向，并根据区域经济社会发展对人才的需求调整专业设置或专业方向，并配套灵活的课程设置、专业的师资支撑以及实验设施投入以强化特色专业建设。第三，创新教学方法。在教学方法上调整过去以知识传授为主的灌输式教学方法。鼓励教师在教学方法上有所创新，培养学生的创新精神与动手能力。增加教学过程中的实践环节，鼓励学生在做中学、在学中做。

（四）提高服务地方社会的能力

地方大学建设“双一流”特色之路的一个重要内容是：立足地方、开放办学。地方大学特色的形成与发展离不开地方经济、文化资源的支持，有着鲜明的地方元素。地方大学应通过应用性学科的发展，重视应用型人才培养，拉近学校和社会的距离，提升服务地方社会的能力。地方大学首先要及时了解地方经济社会发展的动态和需求，了解地方产业发展对科学技术的需要，发挥高校学科资源、人才资源优势，与地方政府深度融合。地方大学的特色化发展不仅仅是开展一些社会服务活动，而是要立足地方，从战略发展出发全面融入地方办学。地方社会产业发展需求为地方大学带来新的研究课题，培育新的研究方向。高校的科研成果可以与地方企业合作研发产品并进入市场，甚至可以孵化新的企业。这种合作模式将科学技术直接转换为生产力，产生经济效益。美国斯坦福大学早期支持电子产业发展，成就了“硅谷”；英国的沃里克大学在 20 世纪 80 年代建设科技园，成为人才培养和科技发展的重要基地。国内一些知名大学在发展的初期也是从区域经济社会发展需要办学，与地方建立紧密联系，走出了一条成功的发展道路。因此，地方大学“双一流”目标的实现必须走一条不同于传统大学的发展道路，从战略层面将学校的特色优势与地方经济社会发展需要相结合，面向区域社会发展开放办学。

（五）建立服务“双一流”建设的管理机制

地方大学已经进入一个强调特色、追求效率的时代。不论是实现“双一流”建设目标，还是新时期转型发展，地方大学需要从经验管理向战略管理转变。战略管理意味着以目标为导向，注重大学与资源、环境之间的互动，强调资源获取、分配、利用的效率。在内部管理上优化组织结构，加强各个部门之间的沟通协调，对阶段目标及时跟踪、评价、反馈。地方大学“照章行事”的管理模式仍比较普遍，根据学校的实际情况确定发展目标的意识不够强。国家“双一流”建设对地方大学是一个发展机遇，学校获取更多办学经费、赢得社会声誉，这些都是学校可以获得的外部资源。但是如何将外部资源转化为学校的办学实力与办学水平才是关键，需要地方大学发挥主动性与积极性，从学校实际出发，以特色为发力点，逐渐形成学校发展的阶段性目标。目标引导资源分配，也推动学校多渠道获取资源。战略管理思维下，学校需要评估资源利用效率以及阶段任务落实情况，并根据运行情况随时调整目标。这种管理思维与方式与“双一流”建设方案中的动态管理具有一致性。领导团队是战略管理的关键因素，在特色战略中把握方向、争取资源、选择路径、沟通协调。校长是团队的灵魂人物，地方大学校长需要具有战略家的眼光、改革家的魄力、经营家的智慧，才能带领学校把握机遇，实现“双一流”建设目标。

结语

大学是“双一流”建设的最终践行者。地方大学作为我国大学的绝大多数，在“双一流”建设战略中有着义不容辞的责任。对于地方大学而言，“双一流”建设也是实现学校跨越发展的难得机会。地方大学的“双一流”建设问题从某种意义上说也是地方大学在新时期转型发展的问题。地方大学“双一流”建设一方面需要学校自身转变角色，改变传统发展路径，把握高等教育发展的新环境、新动向，创新内部体制机制，激发学校办学活力。另一方面，地方大学“双一流”建设也需要政府转换职能，逐步引入市场机制，鼓励社会力量参与到“双一流”建设中来，形成公平开放的竞争环境，让不同层次类型的大学在“双一流”中各显特色，最终实现高等教育强国的战略目标。

参考文献

［1］国务院关于印发统筹推进世界一流大学和一流学科建设总体方案的通知［EB/OL］. 2015－11－05［2018－05－22］. http：//www. gov. cn/zhengce/content/2015－11/05/content_ 10269. htm.

［2］教育部、财政部、国家发展改革委关于印发《统筹推进世界一流大学和一流学科建设实施办法（暂行）》的通知.［EB/OL］（2017－01－25）［2018－05－22］. http：//www. moe. edu. cn/srcsite/A22/moe_ 843/201701/t20170125_ 295701. html.

［3］国务院关于印发统筹推进世界一流大学和一流学科建设总体方案的通知［EB/OL］.（2015－11－05）［2018－05－22］. http：//www. gov. cn/zhengce/content/2015－11/05/content_ 10269. htm.

［4］尤政. 专家解读“双一流”建设实施办法——夯实学科基础 积极稳妥推进“双一流”建设［N］. 中国教育报 2017－03－02.

［5］黄志兵. 创业型：“双一流”背景下新兴大学的一种战略选择［J］. 现代教育管理 2017（3）：47－53.

华侨大学 发展规划处

“哲学之才”与“利禄之徒”：高等教育大众化时代的通识教育困境[①]

——基于华侨大学的个案研究

吕　挺

摘　要： 在高等教育大众化时代，通识教育理念应运而生，冀望大学培养兼备外在实用性与内在人文性的复合型人才。但在实践中，通识教育与专业教育间存在残酷而又胜负分明的零和博弈，通识教育选修课程成为学生用于提高绩点的新大陆，自由选择机制被滥用，出现许多不合理现象。通过加强通识教育理念宣传、完善通识课程评价体系、转变培养方案、改革思路等手段，可以在一定程度上保障通识教育的实践效果。

关键词： 高等教育大众化；通识教育；哲学之才；利禄之徒

① 基金项目：华侨大学2018年度校基金项目“华侨大学内部教学质量保障体系研究”（项目编号：2018HJY02）。

一、引论

1789年，声誉日隆的德国诗人、学者席勒在耶拿大学发表就职演讲，开宗明义谈到“有利禄之徒，有哲学之才，两者对于大学学业的看法，完全不同”[1]。在席勒看来，“利禄之徒无论做什么，都需要外在的刺激和鼓励，而哲学之才则在研究对象本身和孜孜不倦当中获得激励和报偿”[2]。席勒在演讲结束时表示，“我只接受哲学之才，假如我尽力满足利禄之徒的需要，那么我就使学术背离其高贵的目标，用巨大的投入只能换取微不足道的收获”[3]。席勒对“哲学之才”与“利禄之徒”的界定和旗帜鲜明的态度，代表了古典大学的教育追求，理想的学生不应被世俗目的所左右，而要为纯粹的学术魅力吸引，奉之为毕生志业。

但在18世纪中期，伴随高等教育由精英化向大众化发展，通识教育的理念应运而生。通识教育一方面不拒斥专业教育在现代社会的实际功用，认可学生在大学阶段发展未来职业生涯所需的素养与能力，另一方面又坚持非功利性的博雅学习的重要性，认为其有助于学生健全人格和公民意识的养成，能够为专业教育提供不可或缺的平衡力量。换言之，通识教育不再如席勒般拒“利禄之徒”于千里之外，而冀望大学培养兼备“利禄之徒”外在实用性与“哲学之才”内在人文性，脚踏实地、仰望星空的复合型人才。到20世纪后半期，通识教育的理念和模式得到了全球性的广泛传播，并在某种程度上成为国际高等教育人才培养的标准范式之一。

21世纪初，我国少数高水平研究型大学率先开启了通识教育的尝试，而后通识教育被写入国家“十三五”规划纲要，成为与专业教育并重的大学创新人才培养要点，正经历自上而下的广泛推广。问题是改革开放四十年间，我国高等教育在学总规模从1978年的228万人激增至2017年的

3770 万人，毛入学率由 2.7%升至 45.7%[4]，上千万本应跌落高考独木桥下、早早步入社会的年轻人叩开了高等学府的大门，他们鲜少肩负“天之骄子”“国之栋梁”的光环与抱负，大多汲汲于知识改变命运、学历兑取财富的“利禄之徒”，并不曾将化身“哲学之才”纳入自我期待的视野。面对我国迅猛的高等教育大众化浪潮，通识教育能否发挥理想效果，去平衡“哲学之才”与“利禄之徒”间的张力呢？或者说，它能否为广大“利禄之徒”注入“哲学之才”的内芯？

针对上述问题，笔者以华侨大学为个案，从 2017 年 9 月至 2018 年 7 月，同各学院近 300 名学生进行了广泛的课上探讨、网络互动与主题调查。同时，笔者对所在学院全体本科生历时三年的追踪式学情调查及大量一对一深度访谈也为本研究提供了宝贵的数据与案例支持。

二、通识教育与专业教育间的零和博弈

华侨大学于 2016 年对本科专业培养方案提出了较大幅度的修订指导意见（以下简称“16 版”），其重点就在以“通识教育”为核心重构整个课程体系。学校将原本由公共基础课、学科基础课、专业课和选修课四大类型组成的课程体系转化为通识教育、专业教育与实践教育三大模块，通识教育居于首要位置，其中主要变化在以下两方面。

一是增设通识教育选修课程。它由文史哲经典与文化传承、社会科学理论与实践、自然科学与技术、艺术与审美、当代世界与中国、创新与创业六个课程模块组成，学生被要求按照“本学科远离”的制度至少修读 10 学分，学分数较“12 版”中的跨学科校选修课程多出了一倍有余。但这一部分产生的学分增量并非来自专业教育的割舍，而是通过撤销《大学语文》等课程，以及降低公共外语与信息技术类课程学分数等手段自我挖潜

来实现的。

二是压缩学时学分总量。“16版”要求四年制本科专业课内教学总学时由2300—2500学时降至2200—2400学时，准予毕业的最低学分由150—160学分降至140—155学分，这一实际减损由通识教育和专业教育模块共同来分担。压缩学时学分的制度设计初衷不是在减少学生的学习任务，而在通过学生课外学习内容的设计，引导学生自主学习。问题是，一周7天168小时的时间总量是固定不变的，在学生可用于学习的时间分配上，通识教育与专业教育间存在着残酷而又胜负分明的零和博弈。

一方面，压缩学时学分并不等于富余出的自由时间就会被学生用于自主学习。比起强制性的课堂学习来，要想激发学生课外学习的积极性，需要更为精致用心的课程设计与教师引导，否则“时间都去哪儿了”就会成为问题。有学生困惑道：“我们学校大部分学生学习都比较被动，课上喂一口才吃一口，课下就宅在宿舍追剧、打游戏、无所事事。减少课时的初衷是为了让学生有更多的课外时间去钻研，而这样的方法真的适用于我们学校吗？在课时减少的情况下，该如何调动学生的积极性呢？”

另一方面，在压缩学时学分的大背景下，专业教育课程大都采取了“减价不减量”的方式，对学生施以很强的压力和掠夺性，迫使许多学生在通识教育中寻求“水课”来平衡有限的学习时间与精力，也令那些即便有心认真学习通识教育课程的学生分身乏术。这在理工科学生中尤为常见，有学生谈道：“通识教育本应是让我们了解更多自己专业以外的东西、接触不一样的学科、不一样的人、不一样的内容。但实际上，我观察了一下，我的大多数同学，都会选择在通识教育课上做自己的作业或者处理实验报告。”

三、“分数收割机”的新大陆

为进一步凸显通识教育的重要性，华侨大学规定从2016级学生开始通识教育选修课成绩计入绩点，而在此之前，学生的跨学科校选修课程是只计学分、不计绩点的。比起专业培养方案顶层设计上的改革，这一关乎个人绩点计算的实际政策变化更为直接触动学生的敏锐神经。

华侨大学近年招生中本一计划占比高达99.6%，可以说其学生有着优于大多同龄人的学习态度与能力。比起考入名校、天赋出众的拔尖学生，他们在应对考试时未必那么游刃有余，但也因此更为珍视自己的分数。经历高考后，他们对分数的重要性有着更为刻骨铭心的记忆与认知，一位学生生动地把自己这类人比喻为“分数收割机”。

通识教育旨在培养学生成为负责任的人和公民，引导学生从多角度去关注和思考“人是什么”这样宏大和严肃的问题，它没有标准化的方式与答案，或者说恰恰是因为“我们长期缺乏确切的答案，所以才去了解各种可供选择的答案，并对它们进行思考”[5]。因此常见的通识教育模式会提供如超市般琳琅满目的课程供学生自由选择和探索。这一切都与目的明确、过程清晰的应试教育体系格格不入，也令原本训练有素的“分数收割机”们无所适从。

当通识教育选修课成绩与绩点挂钩后，大多数学生并没有因此就对其另眼相看、从正面端正学习态度，而是迅速调整至自己轻车熟路的“分数收割机”模式，兴奋地发现了提高平均绩点的“终南捷径”，争相打探“哪一门选修课最轻松、最好拿高分、还不用每次都去上课”。

学校政策调整的良苦用意再次被扭曲，本为涵养“哲学之才”而提供丰富选择的通识教育选修课程库，成为“利禄之徒”驾驭“分数收割机”

予取予求的新大陆。

四、“劣币驱逐良币”的恶性竞争

2017—2018 学年第二学期，华侨大学两校区共开设了 179 门次的通识教育选修课，课程内容涉猎广泛，同时包含了全英文、慕课、户外等多种授课形式。表面上看，学生大可根据自己的兴趣爱好自由选择，但这些学科属性、教师风格差异极大的选修课程最终都会归结为一个简单的分数纳入绩点，进而影响到学生各类评奖评优乃至推免保研的资格归属，大多数学生都不会轻易选择放飞自我，而是小心翼翼地左右权衡。

由上百门允许自由选择课程组成的通识教育选修模块好比一个流通市场，不同课程所需的精力投入与成绩产出比有所不同，精明敏锐的“分数收割机”们永远能够从中挑选出“水课”品相最足的课程并蜂拥而至。这也就形成了经济学中的“劣币驱逐良币”现象，那些无须投入过多精力即可刷高绩点的“水课”受到学生热捧、长盛不衰，而坚持高标准严要求的所谓“虐课”乏人问津，逐步走向退选停开的尴尬境地。

在这一制度下，被“驱逐”的不只是“虐课”而已，还有少数学生难能可贵的对于“哲学之才”的向往与追求。以下这位学生在谈及自己选课历程时内心的坚持与动摇耐人寻味：“我希望自己选的课程都是真正对自身有帮助的课程，因此上学期我在选修英语的时候选了难度最大的商务英语。……我另外一个同学，英语四级都过不了，选了一门更水的英语选修课，期末考勉强及格。然而那门课的老师‘心慈手软’，给全班的平时分都非常高，他最后的总分也拉到了中等的水平，因此最后他的绩点跟我是一样的，这是多么的不公平！”

设立通识教育模块的本意重在涵养学生“哲学之才”的面向，自由选择的机制也是因此而设，但在现实中它被滥用，那些对通识教育理念有所领悟并愿意依此行事的“哲学之才”们不仅没有得到肯定嘉奖，反倒成为制度的伤害者，本就不绝如缕的理想追求风雨飘摇。

五、如何限制“劣币驱逐良币”

“天下熙熙，皆为利来”，学生功利主义思想对通识教育造成的侵蚀看似不可避免，但当我们对其成因深入了解后，可以有的放矢地在以下方面采取措施，尽可能规避“劣币驱逐良币”等不良效应的出现。

1. 强化通识教育理念宣传

“劣币驱逐良币”现象出现的表层原因是有为数众多的学生一味追求分数、采用“投机取巧”的方式对待通识教育课程。这并不能完全怪罪于学生的“利禄之心”。事实上，绝大部分学生对通识教育之于自身的意义和价值懵懂无知，虽然该模块在课程体系中所占比重不低，但它们并未形成专业教育模块的有序整体，也缺乏专业学院和教师的有意引导。在学习通识教育课程时，学生常常有“只见树木，不见森林”的困惑，不能将其与自我成长进行有机联系，只是被动地获取毕业所需学分，缺乏明确的学习动机，自然容易有“唯分是图”的倾向。

针对这一问题，学校可以加大对通识教育理念的宣传力度。比如在新生入学教育阶段即设置专门主题，阐明通识教育的整体设计与目标追求，让学生在脑海中先入为主建构出通识教育贯穿本科阶段的培养轨迹。学校甚至可以考虑设置 1 学分的通识教育导论课程，在大一上学期集中开设 9 周时间或参照“形势与政策”课程平均分布在各学期，邀请校内外专业学者集中阐释通识教育的核心要义，强化学生对于通识教育的整体理解。根据笔者近年来的课上观察，那些对通识教育意义有较为准确认知的学生在通识教育课程上多有更为积极的学习表现。正本清源、下大力气做好通识教育理念宣传，激发学生更充分的学习动机，可能会收到事半功倍的成效。

2. 规范通识教育评价体系

"劣币驱逐良币"现象出现的直接原因是部分通识教育选修课程要求低、给分高，在"自由市场"上形成了"价值洼地"，给学生中的"利禄之徒"创造了可乘之机。

对这一问题学校教务管理部门可以选择直接介入，比如发文要求所有通识教育选修课程的最终成绩必须符合正态分布，优秀率均不得超过20%等特定比率，如超过者无法在教务系统中上传成绩或需说明理由上报教务处审核，类似要求在专业教育中并不鲜见，它可以立竿见影抑制各门课程在最终成绩环节上的不均衡现象。

复旦大学与北京大学近年来周期性开展的通识核心课程质量调查则更具建设性。它基于三组十四项基本可比指标，从多角度监控每门课程的教学成效，通过综合分析教学质量、学习投入、学习意义感和通识学习收获等核心指标，还可以进一步将各门课程归入"高能课""吹水课""坑课"等类别，并给出相对应的管理对策[6]。这一评价手段能够促进教师、学生和管理者之间的有效沟通，建构起行之有效的通识教育内部质量保障体系。

3. 转变培养方案改革思路

"劣币驱逐良币"现象出现的深层原因是专业教育与通识教育间激烈的零和博弈，迫使大量学生乃至教师在有限的时间精力下不得不做出厚此薄彼或非此即彼的选择。

如前文所述，在现有本科培养方案框架下，不论是继续压缩总学时学分，还是调整各课程模块间比例，都很难达到预期效果，只会徒增通识教育与专业教育间的内在张力。真正的解决之道还在于转变培养方案改革思路，不要将通识教育与专业教育视为泾渭分明的不同体系，而是尝试打破二者间的传统界定，在统一育人目标引领下走向深度融合。

浙江大学近年来着力搭建的工程通识课程平台即是在这一领域的积极尝试。该平台意图将工程教育与通识教育相结合，完善工科学生的工程化背景与工程意识，在其新设立的课程框架中，包括工程伦理学、工程史、工程哲学、工程服务等课程，这些课程都超越了单纯的专业教育范畴，具有丰富的通识教育内涵。以“工程伦理学”课程为例，其主要内容包括工程师的社会责任、职业行为规范以及工程环境伦理，旨在提高学生的道德敏感性、伦理判断能力和伦理意志力，增进学生对职业行为标准的了解[7]。

六、结语

通识教育旨在塑造学生的健全人格与公民意识，这一教育理想在现代社会无疑具有正当性和普适性，但如本文案例所揭示的，学生群体出于种种现实考量，令通识教育在很大程度上陷入“我本将心向明月，奈何明月照沟渠”的尴尬境地。这一问题不能简单归结于生源质量、政策漏洞或社会风气。一方面，我们的确可以通过强化理念宣传、完善评价体系、调整培养方案等手段来有效限制通识教育中存在的“劣币驱逐良币”等不合理现状，但另一方面也要看到在高等教育大众化时代，教育对象作为“利禄之徒”的功利性诉求愈发普遍和庞大，它与通识教育倡导者冀望继承的培养“哲学之才”的理想化追求间存在很大隔阂。

伴随“十三五”规划纲要的出台，通识教育在我国不再是少数研究型大学的先行探索，还将推向更大范围、不同类型的众多高校。作为世界上最大的发展中国家，我国因高等教育大众化快速进程而步入大学的莘莘学子们不论在成长环境、教育经历还是职业生涯规划上与先进发达国家都有着很大的差异性，通识教育在实践过程中可能会遭遇更多与“利禄之徒”间的矛盾冲突。如何借助我国悠久的历史文明传统、宏伟的社会主义现代化建设目标，探索出一条属于中国大学的通识教育本土化道路，培养大量既脚踏实地又仰望星空的社会主义建设者和接班人，将是我国高等教育在未来发展中有待思考解决的重要问题。

参考文献

［1］［2］［3］陈洪捷．德国古典大学观及其对中国的影响（修订版）［M］．北京：北京大学出版社，2006：194，196.

［4］2017 年全国教育事业发展统计公报［EB/OL］．http：//www. moe. gov. cn/jyb_ sjzl/sjzl_ fztjgb/201807/t20180719_ 343508. html，2018－07－19/2018－07－29.

［5］［美］艾伦·布卢姆．美国精神的封闭［M］．战旭英，译．南京：译林出版社，2011：3.

［6］陆一．通识教育核心课程质量监测诊断：“高能课”与“吹水课”的成因分析与甄别［J］．复旦教育论坛，2017（03）：53－60.

［7］陈劲，楼杨钇，梅亮．通识教育新探索——工程教育［J］．高等工程教育研究，2013（3）：71－75.

华侨大学　国际关系学院

优质提问教学法在“法学概论”课程中的运用探究

潘新美

摘　要：优质提问教学法是在课堂教学过程中以优质的问题和提问为中心的互动式教学方法。在“法学概论”的课堂上运用优质提问教学法，可以起到优化教师的教学方法、改善学生学习方式的作用，促进教师与学生间的互动，让学生变被动听课为主动学习，大大提高教学的实效性。

关键词：优质提问；课程教学；法学概论

一、优质提问教学法的基本原理

优质提问教学法是由美国教育专家基·阿克里·沃尔什博士（Walsh，J. A.）和贝思·丹克特·萨特斯（Sattes，B. D.）提出的一种“通过提问和理解促进学习和思考”（Questioning and Understanding to Improve Learning and Thinking）的专业发展过程，也就是“QUILT”框架。两位专家认为，虽然课堂提问的主体是教师，改革课堂提问方式的主体也是教师，但是若想达成高效、优质的课堂提问行为，并由此提高学生的思维能力和学业成绩，在这个过程中，需要和学生一起共同合作。也就是说，优质的问题和提问是优质教学和学习的核心，应该使课堂形成一种以学生为中心、以询问为导向的氛围。顾名思义，优质提问教学法需要教师提出优质的问题。优质问题需要具备以下四个特征：

首先，优质问题是有目的性的。课堂提问应有明确的目的，课堂问题的设计必须以教学目标为指南，要围绕本节课的教学重点和难点来进行设计，便于有效引导学生积极思维，为实现教学目标服务。除此之外，也要引起重视的是，这样的问题能否激发学生的兴趣，促使学生能够更快速地参与到课堂教学中。

其次，优质问题应具有清晰的内容关注点。一般来说，教师通常必须在授课前将整节课的教学内容在脑海里过一遍，此时最为关注的点在于“这节课我的教学重点应该放在哪?”又或者“我应该从哪个角度去提问学生?”等等。在沃尔什的《优质提问教学法：让每个学生都参与其中》一书中，提到了两种理论模型，一种是威金斯和麦克塔的“内容圈”，即从学生学习的角度把知识分为三类，其中有一类知识在“内容圈”的三类中最为核心——“持久的理解”的知识，这通常可以作为教师教学的切入点。另一种是克里森伯里和凯利的“问题环”，即从问题可能关联的领域来看，与“问题环”的三类知识——当前学科知识、其他学科知识和个体知识——相重合的那部分问题也就是整堂课中最有价值的问题。

再次，高质量的问题能够使学生参与多种认知水平的互动。问答的过程实际上是信息加工的认知过程，不同层面的认知过程体现在不同的思维类型上。同样地，也存在着不同层面的问题设计。例如马扎诺的“口头回答问题”和“建构型问题”；加拉格尔和阿舍的“回忆型”“集中型”和“发散型”；沃尔什和萨特斯的“回忆”“应用”和“创造”等，都是比较权威的问题设计分类。沃尔什建议同一所学校的教师可以采取同一种问题设计的分类体系，这样教师们就可以共同钻研和分享问题。当然也存在这样一种可能：学生的认知水平有限，无法理解教师设计出的高认知水平问题。此时教师应该循循善诱，引导学生探索出隐藏在问题背后的中心思想，教会他们如何思考。同时，教师设计出的高认知水平问题有时候也会“被迫”降低层次。一方面由于教材和课件过于完整，导致学生可以很容易在书中找到答案而忽略“思考”的环节，另一方面可能因为学生之前接触过类似的问题，因此此时的应用型问题会转变为记忆型问题，这样就失去了高认知水平问题的意义。

最后，优质问题的表达是清晰和简明的。教师需要在明确了问题的目的性、内容关注点和认知水平的层级后，开始思索自己对问题的表达设计。沃尔什对教师设计自己的问题表达时提出两点建议：可以选择将问题呈现在纸上，是否符合要求便一目了然；也可以选择在思索问题时将问题说出来。通常来说，问题的表达是否符合要求，有两个需要关注的点：措辞和句式。措辞要求教师在表达问题时，尽可能地用与学生背景、年龄等相应的词语，尽可能言简意赅、清晰明了地表述问题；句式要求教师在表述时要语句畅通、主干完整、语法正确。

优质提问教学法转变了以教师为中心的传统授课观念，形成一种新的以学生为中心、以问题为主体的课堂教学方法。优质提问教学法能够将课堂提问权归还给学生，这样做有利于引导学生参与多种认知水平的互动，促使学生的学习热情高涨，指引他们进行更高水准的思考，使学生成为真正的学习者和思考者。

二、优质提问教学法在“法学概论”课程中的实践

下面以“法学概论”中“法律责任”这一知识点为例，说明优质提问

教学法在课堂教学中的教学设计。

1. 准备问题阶段

在准备问题阶段，教师首先要深入探索教材的内容特点、教学目的和要求。尽可能地准备优质问题，遵循上文所讲到的优质问题所具备的四个特征，能够有清晰明确的教学目的、能够聚焦本节课堂的教学内容、能够促使学生参与到多种认知水平的活动，以及能够清晰明确地表达出问题的内容。当然，同样需要注意的一点是，教师所提出的问题最好是与当代社会热点或与学生密切相关的话题，不仅能够激起学生参与、讨论的兴趣，还能让学生在回答问题时思索人生。例如，我们可以在“法学概论”的课堂上提出这样一个开放性的问题：公民在什么情况下需要承担法律责任？民事责任与刑事责任有何区别？

2. 陈述问题阶段

在陈述问题阶段时，教师可以根据教学的进度，提出问题、向学生表明回答问题的方式以及有选择地挑选回答者回答相应的问题。例如，一堂人数较多的课堂，教师可以让学生们依照座位划分为若干小组，在提出问题后，教师可以指明每个小组的一至两名学生回答问题。这样能快速地调动起课堂氛围，让每个学生都参与进来，还可以激起学生的团队合作精神。“法学概论”这门课是大一新生的学科基础课，每年按专业分为四个班级，每个班级学生人数 40 多人。每次上课都是采取分组提问、分组回答问题的方式，取得了良好的教学效果。又或者说，教师为了让学生尽快进入状态，可以先复习之前的内容，这些问题很容易回答并且有固定的答案。比如，法律和道德有何不同？不遵守法律和不遵守道德的结果是否相同？法律和道德的强制力是否相同？这些浅显易懂的问题可以让学生进入记忆模式，促使他们回顾以往学过的内容，并且较快地进入到后续新内容的学习氛围中。再者，教师倘若准备了难度较大的问题，可以选择性地让学习成绩优异的学生回答。同时，也可以选择让成绩一般的学生回答比较浅显的问题。这样做，可以确保全班每个成绩段的学生快速融入学习氛围中。

3. 激发学生回答问题阶段

在这个阶段，教师在提出问题之后，可以预留足够的时间让学生思考。此时，教师可以通过在这小段时间内，观察学生们的神情，如皱眉、点头、摇头、疑惑等。通过观察，教师可以大致了解学生们对该问题是否存在疑惑与不解，又或者是观察学生们是否表现出积极思考的状态，以便进行下一步——及时解答疑惑或引导学生从另一个角度思考问题，从而提高提问效果。在回答问题阶段，教师需要及时引导学生，带领学生寻找答案。学生可以选择自主探究或团队合作两种方式，教师可以引导每个小团体展开内部讨论，最后整合最佳答案，以汇报或其他形式展现成果。教师在引导学生回答问题时，应该以一种循循善诱的方式，先将问题抛出，可以选择将答案框定在某个范围的开放式问题，为学生指明方向。例如：在讲到承担法律责任时，针对“侵权的民事责任的构成要件是什么?”这一问题，学生会通过书本了解侵权民事责任包含损害事实、违法行为、因果关系、主观过错这四个基本构成要件。但是对其中的主观过错这一要件，他们就不太明白。这时候，就可以举例，“李某与杨某系邻居，但两家关系不好，积怨颇深，平时互不来往。最近，杨某养了一条小狗，且竟然用李某的姓名作为狗的名字，还经常人前人后对着狗喊着李某的名字大声呵斥，有意嘲弄侮辱李某。李某多次交涉，杨某均置若罔闻。请问，杨某的行为是否构成侵权?”同学们马上就明白主观过错肯定是故意的。在教学过程中有时会遇到学习氛围不浓厚的班级，可以采取积分机制。通过设置一学期正确回答一定数量的问题，学生能够得到积分，积分可转化为课堂表现分，在期末得分里占据一定比例，促使学生积极踊跃地思考问题、回答问题。

4. 对学生回答问题进行加工阶段

通过聆听学生回答的内容，做不同的加工处理。可以对学生回答的问题稍加修改，或者纠正错误，或者给予反馈等，以此来激发学生扩展思维，提高学习兴趣。比如在上述问题中学生回答“杨某用邻居李某的姓名作为狗的名字”这一案例中，学生提出“构成侵权，需要追究民事责任”的看法时，教师可以继续追问:“日常生活中你们有没有遇到这样的事情?”思考片刻后，有学生用手指着她的同桌，回答：“老师，我同桌就是这样叫我的。她用她家的狗的名字来叫我。”这时候，她的同桌头低下去了，不好意思抬头看 PPT 了。全班同学都安静下来了。他们很好奇这种情况是否构成侵权。这时教师就追问:“你同学这么叫你的时候你是不是很享受？是不是因为你们关系很好她才这么叫你的呢？她的行为是否构成侵权?”同学们马上陷入沉默，开始思考这个问题。这时教师要给学生留出足够的时间思考。思考过后，学生回答:“没有构成侵权。”紧接着，教师解释说：“并不是说只要以狗的名义叫人就构成侵权，而是要结合实际，必须全部满足民事侵权的四个要件，才能要求对方承担民事责任。”这时候她的同桌开始把头抬起来了，同学们也对这个问题有了完整的答案。

综上，在对学生的回答进行加工的阶段，教师应该力求成为一个讨论者，可以通过一些追问提示学生更进一步思考，使学生对自己的答案进行再思考和修正。此时，教师可以同时扮演两个角色——倾听者和引导者。

一面倾听学生的回答，一面与学生交流，引领学生探索更多的答案。对回答正确或有创意的学生，教师可以多加鼓励，以此激发其他学生开展探究性学习的动力，提高课堂教学效率。但是，同时也要注意的是，教师在对学生回答的内容进行加工时，也需要对课堂的进度和时间加以掌控，从而控制整个提问的进程。

5. 对提问行为的反思阶段

教师在结束一堂课之后，应该对该堂课进行反思，包括对课堂的教学效果、学生的反应、教学进度的把控、问题的优质与否等。例如，是否按照预期完成了该堂课的教学计划？该堂课的教学进度是否在自己的掌控之内？学生的反应与以往相比是更好或更差？提问环节是否有使大部分学生都参与进来？课程的教学效果如何？除了教师进行自身评价以外，还可以通过学生对教师的评价进一步提高教学效果以及教学质量。教师可以采取匿名的反馈方式，让学生对该堂课进行客观评价，教师对其提取部分有效信息，加以总结，对教学行为进行评价。在不断的反思中，教师的教学技能、教学效果以及学生的学习积极性都会得到极大的提高。

通过上述步骤，运用优质提问法，可以提高学生的注意力，激发学生的参与热情，优化教师的教学方法，改善学生的学习方式，促进教师与学生间的互动，让学生在思维和行动等方面以一种积极主动的方式进入课堂的学习，为教师及时反馈教学效果，奠定高效教学的坚实基础。

三、优质提问教学法在“法学概论”课程中的积极作用

1. 丰富教学内容

运用优质提问教学法，能够帮助教师进一步突出课堂教学的主要内

容，特别是重点、难点和疑点。问题的设计应该将本堂课的主要教学内容贯穿起来，将教学的重点难点放在问题的中心点，以此帮助学生理解。重难点问题应该是每一章节的核心内容，同时也是理解起来较为困难的内容。例如，在《法学概论》这本教材中每一章的重难点内容都不同，需要根据不同章节的重难点内容设定不同的问题，再辅以帮助其理解的其他小问题。这样一方面促使学生快速找到答案，另一方面也帮助学生理解中心问题。自从两年前开始在“法学概论”课中采用优质提问教学法，围绕每次课的重点难点问题展开提问，并逐次解答问题，取得了很好的效果，也丰富了教学内容。

2. 调动课堂气氛

罗杰斯说：“成功的教育依赖于一种真诚的理解和信任的师生关系，依赖于一种和谐安全的课堂氛围。”如果只是照本宣科地讲授课程教材上的知识点，不仅会让学生认为“法学概论”这门课无聊、枯燥，还会使学生误以为该门课程与自己所学的专业并无多大的关联性。这样会导致学生在课堂上吸收知识时“左耳进、右耳出”，只会低头聊天、玩手机等，也吸引不了学生上课的兴趣，更不用说提高学生的学习热情了。因此，通过运用优质提问教学法，提出优质的问题，吸引学生听课的兴趣，调动起学生好奇的脑细胞，引导学生成为一个思考者，拉近学生与教师的距离，调动课堂的教学与学习氛围，让每一位学生都深深感受到“法学概论”课程的价值之处与魅力所在。

3. 激发学生参与热情

学起于思，思源于疑。学生探求知识的思维活动，总是由问题开始的，又在解决问题的过程中得到发展。运用优质提问教学法，教师选准问题的切入点，激发学生的兴趣，引导学生积极探寻答案，在寻找答案的过程中获得收益。这种以学生为本的教学理念要求课堂的中心主体为学生，要求教学时遵循一种师生平等的教育理念。应该让教师走进学生之间，而不是“高高在上”的姿态，读懂学生、听懂学生，营造一种宽领域、多渠道、深层次的互动、交流的氛围。通过“法学概论”课的课堂学习，促使学生学会变被动学习为主动学习，让学生养成自主学习和团队合作的精神，真正地激发学生的参与热情，从而提高学生的学习效率，使“法学概论”教学的实效性大大增加。

四、提高“法学概论”课课堂提问有效性的建议

1. 精心设计优质问题

爱因斯坦说：“提出一个问题往往比解决一个问题更重要。”提出一个好的问题往往是解决这个事件的关键所在。但是并不是提倡没有问题也要硬找问题，或者为了找问题而处处发问。一个好的问题是为了训练学生的发散思维而发问，所以说对课堂精心设计的提问是教学成功的关键。

如何设计一个好的问题，需要从以下几个方面考虑。首先，要注意问题的难度。如果教师提出的问题过于简单，学生就没有思考的动力，也没有思考的价值，会从应用型问题转变为记忆型问题；相反，如果问题难度过高，会导致学生无从下手，过长的思考时间也会拖延课堂的教学进度。其次，在问题设计上要遵循循序渐进的规则。教师抛出一个问题，学生给出了答案，教师顺着这个答案往下延伸，根据相关内容做进一步的讲解，引导学生更深刻地理解所学的内容，这样既可以促进学生发散思维的训练、开拓学生思维。最后，课堂提问的时间设计同样重要。一般来说，要

在课堂初始阶段设置一个一般性难度的问题，或是有关上节课教学内容的问题，这样可以让学生有一定的成就感，也加强了学生的学习基础。课堂最后，可以设置一两个启发式或开放式的问题，引导学生课后主动思考。问题提问的时间点要把控到位，这样不仅可以让学生得到应有的锻炼，也能够调动起大家的学习热情。

在课前设计问题是教师应具备的基本功之一，尤其是精心设计的优质问题。优质的问题设计应该考虑得面面俱到，不管是对问题考察的知识点和能力，或是问题的表达方式，又或者是问题措辞的推敲。传统教学过程中，普遍存在问题设计不合理的情况。有的教师在课前准备阶段没有进行充分、认真的准备，没有投入一定的时间和精力，导致问题设计过于简单，或停于表面，或偏形式主义，没有一定的理论高度，答案过于浅显。例如，有的教师在对问题进行情景化讨论时，往往只会照本宣科地抛出问题。有的答案书中已有现成的，有的答案太过宽泛无从下手，这样的问题显然是没有思维高度的问题。过于肤浅或过于深奥的问题只会导致学生没有思考的动力。对提高“法学概论”课程教学效果毫无裨益。

在课堂问题收集方面，首先是教师对教材及教学要求等重难点进行分析，并积极引导学生，从学生中收集问题，发挥学生的主体作用。教师在对课堂提问进行设计时，除了考虑问题的深度和意义之外，也需要考虑问题的适用性和针对性。教师在提问题时，如果只是单纯地从教学大纲出发，就会导致学生提不起上课的热情，也引发不了学生的共鸣。同时也要避免出现这样一种情况：教师不管给哪个专业的学生上课，都提问同样的问题，忽略了学生的异质性。教师可以尝试从学生中收集问题。尽管有时候学生的问题“天马行空”，教师可以选择性地对其进行加工。如果学生能够在课堂上发现教师问的问题正是自己关心的或正是自己提出来的问题，这样会使学生有一种油然而生的自豪感，进而积极参与问题的思考与解答。除了从学生中收集问题以外，教师也应该从当下的时事热点和生活中的重大事件等角度出发，将问题情景化、生活化。例如：在讲《民法》时，由于民法是典型的私法，它调整的是私人主体之间的财产权和人身权的问题。在这种情况下设计问题，教师就应该尽力贴近学生生活，贴近实际生活，让学生觉得法律无处不在，法律就在我们身边。

2. 注重营造良好的课堂氛围

课堂气氛在很大程度上影响着课堂教学效果。课堂教学效果实际上就是充分发挥学生主体地位和教师主导作用的过程，它是一堂课成功与否的重要因素，良好的课堂氛围能使教学达到最佳效果。良好的课堂气氛的要素有很多，如教师、学生、教材、教法等，但是其中最关键的还是教师。只有通过教师的创造性劳动，才有可能实现良好的课堂气氛，发挥其应有的功能。教师在创造良好课堂气氛的过程中，起着主导性的作用。在教学中，努力创造一个良好的课堂气氛，就会成为教师提高课堂效率，学生自主探究、合作交流的有效途径。陶行知认为，良好和谐的人际环境是重要的教育因素。良好的课堂氛围不仅需要师生关系的融洽，还需要教师在课堂提问的设计上有针对性，把握学生的兴趣点和知识水平，选择恰当的提问方式。这样做能使学生参与问答的积极性提高，同时对学生的回答给予一定的鼓励和客观的评价，也能活跃课堂的氛围。

3. 提高教师掌控课堂的能力

“给学生一杯水，教师不仅要有一桶水，还应是源源不断的江河。”教师的职业特点决定了读书、学习是教师生活的一部分。只有具备渊博的知识、灵活的技巧，教师才能以自己的风度感染学生、吸引学生。因此，教师应有宽广的理论知识，应有先进的理念知识，最重要的是要有扎实的专业学科知识。就像人们学习游泳必须在水中进行一样，课堂实践是促进教师课堂掌控能力提升的唯一途径。离开了课堂实践，教师就失去了运用课堂组织管理技巧的平台，也就无法有效掌控课堂。因此，培养和提高教师的课堂掌控能力也需要课堂教学的实践。

五、结束语

在对2018级政治与公共管理学院四个专业的教学中，通过运用优质提问教学法，学生在课堂上讨论问题比以往更热烈，学习气氛浓厚，上课氛围活跃。学生不仅能在课堂上积极地参与讨论问题、思考问题，还会在下课期间主动询问教师有关教学的问题。运用优质提问教学法，不仅使学生之间的交流频率越来越高，也使学生与教师之间的互动越来越多，师生关系变得更加融洽。运用优质提问教学法，让学生学会了如何去深度地思考问题，如何在面对一个难题时，试着从另一个角度解答问题。不仅如此，学生也学会如何提出有深度的问题。在“法学概论”这门课的最后一次教学中，通过无记名的方式，要求学生对这门课在教学效果、课堂氛围、人际关系等方面提出意见和建议时，同学们都认为这门课让他们获益匪浅，提高了他们的法律意识，培养了他们在法律方面的兴趣。甚至有同学直接表示要转到法学专业去学习，也有的同学想参加司法考试，个别同学还想考法律硕士。有的同学甚至觉得“法学概论”这门课只开设一学期太少了，希望第二学期能再继续上这门课。这些都得益于优质提问教学法所体现出来的良好的教学效果。因此，优质提问教学法具有较好的示范意义，可以逐步推广至其他课程的教学中去。

好答案是问出来的。正如尼尔·波斯特曼所说，我们所有的知识都是始于问题。如果课堂中充满着问题，学生不断地提问，师生间就会进入一个真实的对话世界，就会在课堂上实现对话人生。

参考文献

［1］［美］Jackie Acree Walsh，Beth Dankert Sattes. 优质提问教学法［M］. 刘彦，译. 北京：中国轻工业出版社，2013.

［2］［美］Marylou Dantonio，Paul C. Beisenherz. 教师怎样提问才有效——课堂提问的艺术［M］. 宋玲，译. 北京：中国轻工业出版社，2016.

［3］邓庆民. 好答案是问出来的——读《优质提问教学法——让每个学生都参与其中》［J］. 素质教育大参考，2014（11A）.

［4］陈可庆. 问得好才教得好［M］. 北京：中国人民大学出版社，2013.

［5］胡静. 优质提问教学法：让学生参与其中——基于高校“思想道德修养与法律基础”课程教学的研究［J］. 文教资料，2017（6）.

华侨大学　政治与公共管理学院

浅谈环境法支架式案例教学法

蔡文灿

摘　要：基于建构主义理论，环境法支架式案例教学法也被通称为情景教学方法，教师构建支架，以教学主题为中心设置情景，导入案例作为情景载体，以案例事实为基础提出针对性问题，激发学生的思维，调动学生参与思考与讨论的积极性，帮助学生形成对教学内容的立体化认知。具体可分为四个步骤，包括精准的案例选择、创新的教学方法、后续的教学反馈及合理的考核评估。

关键词：环境法；案例；支架式教学法；建构主义

引言

改革开放四十年来，我国社会、经济、文化等领域取得了长足的发展，但生态环境却日益恶化，引发人们的极大忧虑。近些年来，我国逐步加强环境保护工作，采取行政、经济、科技、法律、宣传教育等手段，提高民众的环保意识，督促企业合法经营，监督政府机关严格执法，从而减少对生态环境的污染与破坏。国内外的经验表明，在上述环境保护的手段中，法律手段较为有效。这是因为：第一，法律具有强制性特点，国家可以通过制定环境法，把环境保护的方针、政策、原则、制度、措施等，都以法律的形式加以规范，任何单位或者个人不得违反，否则将依法追究其法律责任，并受到相应的法律制裁。可见，环境法是做好环境保护监督管理的法律依据，它所特有的国家强制性特点是其他环境保护手段所不具备的。第二，行政手段、经济手段、科学技术手段等，其中大都规定在环境法中，并以法律手段作保障，违反者将受到法律的惩罚。此外，作为成文法国家，环境法如同我国其他部门法一样，法律条文公开发布，本身就具有宣传教育的作用。

正是在此背景下，环境法学从法学中的弱势学科演变为一门日趋重要的部门法学科。与其他部门法相比，环境法课程具有独特的特点，主要体现在几个方面：第一，系统性。环境法的调整对象关系人类社会与生态环境，两者是既有密切关联又各自有不同特性的系统，因此，环境法教学必须从两者的整体系统性视角出发来展开。第二，综合性。正是基于系统性的特点，环境法教学具有综合性、复合性、边缘性等特点，其不仅涉及环境科学的内容，更是法学的分支，融合了自然科学和社会科学的相关研究成果。第三，实践性。现今，环境法律制度已经深入企业的生产经营（譬如达标排污）、公民个人和家庭的日常生活（譬如生活垃圾分类）等各个领域，与每个人休戚相关，因此环境法教学不仅仅是停留在理论层面的制度介绍，而是应与实践广泛结合的教学活动。

很长一段时期内，我国的法学教育主要采取理论教学法和法条教学法，案例教学法日益普及，法律诊所教学法也得到了一定程度的应用。但案例教学方法整体上仍存在诸多问题，尤其在环境法领域，成熟的案例较少，科技专业性较强，法科学生对环境科学知识较为陌生，各种学说不甚统一等，很大地影响了环境法案例教学的运用和效果。

作为建构主义的最早提出者，皮亚杰认为“学习的根本在于发现，且知识的学习并不来自主体或者客体任何一方，而是在二者之间相互作用下建构而来的。”[1]基于建构主义理论，有学者提出支架式教学。支架式教学着重强调教师在教学过程中为学生提供科学合理的概念框架，帮助学生深化对知识的理解，在建构的支架范围内，学生在较长时间内进行自主学习，从而形成主动的学习意识。支架式教学也被通称为情景教学方法，教师构建支架，以教学主题为中心设置情景，导入案例作为情景载体，以案例事实为基础提出针对性问题，激发学生的思维，调动学生参与思考与讨论的积极性，帮助学生形成对教学内容的立体化认知。

支架式案例教学法具有其他教学方法不具备的特点和优势。

1. 帮助学生理解晦涩理论

环境法涉及众多自然科学领域的知识，而法学专业学生对生态系统的了解非常有限，因此在正式讲授环境法制度前必须讲解生态系统的基本知识和规律。如果只是照本宣科讲解各种规律的概念，必然无法让他们清楚了解各个规律的涵义，以及这些规律对环境立法的重要影响。因此在介绍生态系统的相关知识时，笔者一般会结合相应的案例。譬如讲到物物相关律时，以新西兰的野兔泛滥灾难为例，让学生更加深刻认识到随意在生态系统中引入新的物种会带来怎样的后果。

2. 提高学生听课兴趣和思考能力

一方面，环境法知识和法律条文过于枯燥，缺乏趣味性；另一方面，大学生的自学能力比较强，如果教师没有引入教材之外的内容，他们会认为考前复习再看书就足以应付考试，因此没有必要认真听课。而适当增加案例，既能够生动形象地将课本上枯燥的概念转化为学生更容易理解的直观印象，也能够增加课堂的趣味性，提高学生的听课兴趣。

3. 锻炼学生的实务操作能力

法学教育归根结底应定位为实践性教学，大多数法科学生毕业后会进入到法律相关的工作岗位中，譬如法院、检察院、律师事务所等。在众多部门法中，环境法的实务操作性尤为显著[2]。

4. 实现对教学的反思

反思是建构主义学习最突出的优势，简言之，学习者和教学者在此过程中自我审视、检查，及时发现存在的问题，并采取行之有效的措施加以调整，不断弥补自身存在的不足。可见，反思是建构主义学习评价的主要方式，但在实施过程中教师应尽量减少强制性工具的使用，引导学生自觉形成一种动态性、持续性反思体系。

综上可知，支架式教学法在环境法教学领域大有可为，效果可期，值得大力推广。具体可分为四个步骤，笔者结合环境法通用教材的理论体系和具体案例展开论述。

一、精准的案例选择

案例的选择是环境法案例教学的第一步，也是关系教学成效的关键性一步。在案例的选择标准上，应根据真实性、专业性、典型性、针对性等原则，选取已经过法院正常审判程序审结的案件，从而减少无关信息的干扰和无法预知的不确定性，直接引导学生进入实质性讨论环节[3]。

此外，环境法具有较强的科技性和专业性，学生的学习需要一个循序渐进的过程。学生对环境法这门学科有一个逐渐深化和接受的过程，在理论体系上要由浅入深，由表及里，积少成多[4]。因此，案例选择也要遵循这样一个进程和规律。

在讲授环境法的基本原则之一——经济、社会与环境协调发展原则（简称协调发展原则，是指环境保护与经济建设和社会发展统筹规划、同步实施、协调发展，实现经济效益、社会效益和环境效益的统一）时，教师需要让学生了解环境保护与经济发展是一对难以调和的矛盾，需要多种制度相互配套实施才能达到一定程度的平衡，这是贯穿整个环境法教学过程的议题。

在讲授风险预防原则时，选取转基因农作物作为代表性案例，在对转基因作物的危害尚存在科学不确定性的情况下，也需要采取适当的预防措施。针对环境权理论所存在的争议，包括内容不具体、主体不明确、自身不可执行等不足，以 1973 年由宾夕法尼亚州最高法院审理的宾夕法尼亚州政府诉国家盖茨堡战场瞭望塔公司案为讲述案例。在环境行政责任领域，选取浙江省温州市 82 位池塘养殖户起诉原国家环保总局案作为典型案例。在环境司法领域，环境民事公益诉讼是最新的制度，选取江苏省高级人民法院审结的“天价环境公益诉讼案”作为示范性案例。

这些案例由浅入深，既有国内案例也有国外案例，有侧重形象理解，有关注法学专业技术细节，多方位的案例选择丰富了学生的知识，也可以强化教学效果。

二、创新的教学方法

选择案例是第一步，如何将案例以科学的方法融入理论教学是承前启后、获得实效的关键步骤。

英美法系与大陆法系的法学教学方法有诸多差异之处，但在环境法领域也存在许多共通的地方，美国环境法案例教学可资借鉴。首先，美国环境法教学以培养环境法职业律师为教育目标，教学活动侧重培养学生解决具体法律问题的能力，关注实务纠纷的解决，理论概念和法条的讲述相对较少。其次，形成了一套成熟的选择标准来甄选案例用于课堂教学，一般是法院已定案的判例。再次，采用互动式教学，“互动式教学试图将认识过程和知识掌握过程相统一，变学生的被动地位为主体地位，教师则成为引导者、组织者而非知识的灌输者。”[3]

案例教学的成功与否与教师对案例的理解与运用息息相关。教师在第一个步骤中选择好高质量的案例后，必须对案例事实和判决结果进行深入理解和分析，对学生可能产生的疑问和不解有较好的预判，总结案例的焦点、疑点和重点，而不仅仅将案例作为“故事”讲给学生听[5]。

同时，案例教学以学生具备良好的课前阅读习惯为前提条件，教师要事先把案例相关的事实、法律法规、判决书提供给学生，要求学生课前认真研读判决书，掌握法律推理和法律适用的基本知识，为课堂讨论奠定基础。教师可以结合案例，提出环境法中的热点和难点问题，引导学生思考。提供案例、提出问题后，教师应给予学生一定的时间加以思考，一般建议提前一周布置。

进入正式课堂讨论阶段后，采取教师引导与学生讨论相结合的方法。在讨论过程中，教师不是完全充当聆听者的角色。在已提出问题的基础上，教师要引导、点拨学生，激励学生主动、积极参与，发表个人的不同见解，即使存在错误理解也无伤大雅，这是保证环境法案例教学质量的关键因素[4]。教师不能够脱离学生，而应深入其中，提供一些解决问题的线索等，引导学生能够合理取舍，理清思路，快速解决问题[1]。

以环境民事责任的教学过程为例，“环境民事责任”属于民事侵权责任，与其他民事侵权责任具有诸多共同点，但也存在很大的差异，教师在教学过程中需要全面引导学生进行深入的比较思考。笔者选择日本“水俣病”案件与一般侵权案件（如斗殴致人损害）作为整体教学内容的支架。从1932年到1966年，位于水俣市的TISSO株式会社的工业废水不加处理直接排入水俣湾，废水中的甲基汞被海中的鱼类、贝类吸收，然后由食物链进入人体。甲基汞侵入大脑等神经系统，引起手脚麻木、言语表达不清、动作迟缓等各种症状。正式被认定受汞影响的患者为12617人。

环境侵权与传统的侵害行为相比，具有独特的性质：①环境侵害的社会性。在传统侵权行为中，侵害对象一般为特定的人或物；环境侵害的对象，常常是相当地区范围内不特定的多数人或物。②环境侵害的价值性。环境侵权行为与一般侵权行为对社会的价值有所不同，一般具有社会正当性。斗殴行为是对社会正常秩序的破坏。③环境侵害的间接性、复杂性。斗殴损害直接由侵权人的行为作用于受害人身体上。而水俣病案件中，损害结果由一系列的介质通过不同的生物、化学反应产生。④环境侵害的缓慢性。从时间上看，一般侵权行为产生损害结果都是即时发生，即使延迟损害也相距不长，斗殴产生损害一般是即时发生。但类似水俣病的环境侵害却可能历经数年、甚至几十年。

上述的案例比较准确地阐释了环境侵权民事责任与普通侵权民事责任的区别，学生在案件讨论中很难完全把握到教学内容的精髓，教师需要在讨论过程中给予指导、点拨，将学生讨论的焦点集中在差异上，为后续教学内容奠定基础。

三、后续的教学反馈

第三个步骤是环境法案例教学实施后的教学效果反馈评价。教学反馈评价应由多种主体采用多种途径同时进行，避免某一主体单独评价的公正性缺失。具体包括教师自我评价、同事互相评价、行政领导评价、专家评价以及学生评价等。每一种评价方式及其结果只是组成教学效果的一部分，而不能等同于教学效果的全部。其中以学生评价的权重最高，因为教学是师生双方共同活动的过程，学生既是教学的对象又是教学的主动参加者，教学效果要在他们身上得到最终体现。但在某些情形下，个别学生因个人成见造成其评价的客观性降低，因而其他评价主体和方式也是不可或缺的补充及参考。

环境法支架式案例教学方法推行后的效果如何，需要由学生进一步做出评价，只有得到学生认可和支持的教学方法才能长远[4]。学生反应评价以学生作为评价工作的中心，具体在课程进行中和结束前由学校统一进行。教师可以采取现场交流、问卷调查、匿名评价等形式，引导学生针对案例教学中的问题提出意见和改进建议。问卷调查方式是主要的形式，但问卷设计不宜复杂，主要针对学生对该种教学模式的接受程度。此外问卷调查可以与学生座谈会的方式相结合，这样可以详尽了解教师教学的情况以及存在的问题。为了提高学生反应评价的效果，要改变现在流行的在学期中后期开展学生评教活动的做法。根据过程性评价的思想将反应评价贯彻于整个教学过程，如提倡教师在教学过程中采用一分钟信息反馈等方法，也就是课堂教学过程中的直接交流。

同时可以采用比较评价法。将学生分为实验班与普通班，实验班运用支架案例教学法，而普通班仍然采用传统教学模式，以学生教学后整体表现为依据来比较不同教学方法的优劣。经过一段时间的运行，通过学生问卷调查等形式来评价两种模式的优劣[6]。

四、合理的考核评估

教学效果的最终评价还需要通过一定的考核才能体现出来，因此第四个步骤就是对学生学习成果的考核评估。环境法案例教学方法需要设计更为合理的考核方式和评估机制。

教学评估的基本思路。1. 静态与动态方法相结合。改变传统的过于依赖期末静态书面考试的评估方式，更加重视过程性的动态考核。2. 知识、能力与态度相结合。以学生的学科思维与能力培养为评估重点，兼顾对基础知识的掌握的考察，同时注重学生学习态度和学习习惯的考察。3. 定量分析与定性分析相结合。全面测评评估教学模式对学生的塑造能力，单一的分析工具是不够，需要多种分析手段相结合，特别是把定量分析与定性分析相结合。既需要书面考试等定量测试手段，又需要通过观测学生在课堂内外的各种能力特征来进行必要的定性分析。

考核可以分为两个阶段，课堂讨论阶段和期末考试阶段。课堂讨论阶段，教师根据学生的参与度、论点的新颖性和准确性、论证的充分性等因素加以考核，计入平时成绩，占学期综合分一定的比例。期末考试则采用传统的书面测试。

其中，课堂讨论评估是教师为确定学生在其课堂上的学习情况而持续进行的小规模评估。课堂评估以改进学生的学习为核心，包括评估学生对先前知识的记忆和理解；评估学生分析与批判性思维的技能；评估学生综合与创造性思维的技能；评估学生解决问题的技能；评估学生的学习态度[6]。

以江苏省泰州市环保联合会诉常隆农化公司等6家企业环境污染损害赔偿案为例。本案被称为“天价环境公益诉讼案”，这起由环保组织作原告、检察院支持起诉的环境公益诉讼案件，不仅参与主体最特殊、诉讼程序最完整，而且涉案被告最多、判赔金额最大，同时探索创新最多、借鉴价值最高，展示出人民法院鲜明的环境司法政策，堪称示范性案例。在课堂讨论中，结合上述案例的文字内容及相关视频，学生如果能总结出本案中的焦点问题并提出相应的观点、指导理论及法律依据，则可以给出较高的平时分。如原告资格的认定，因新修订的《环境保护法》在案件审理过程中尚未生效，故不受五年的时间限制。因果关系的认定需要结合企业的经营行为、日常生活的常识、理性经济人的行为选择等因素加以考虑。

在期末书面考试中，可以设置下列相关的问题，如我国现行法律体系对于环境民事公益诉讼适格原告的规定；在我国现行规则体系和司法实践中，检察机关的角色功能定位；民事公益诉讼中法院的职能定位；选取《最高人民法院关于审理环境民事公益诉讼案件适用法律若干问题的解释》中的相关规则设置问题，等等。

五、结语

作为一种新颖的教学模式，环境法支架式案例教学法也必须遵循一般的教学规律，必须根据教学进度逐步展开。绝大多数案例所涉及的内容不仅仅是一两个知识点所能涵盖，而是诸多法律知识的集合。因此，当学生对环境法律的认识比较模糊时，盲目使用案例会导致学生思维混乱、无所适从，最终会出现冷场的现象。因此首先必须先让学生掌握基本的环境法知识，了解基本的法律规范后再进行案例教学，从而才能取得预期效果[7]。总之，根据笔者在环境法课程教学实践的结果来看，案例教学不但能够活跃课堂气氛，提高学生学习的主动性、积极性，而且还能够加强学生对法律知识的理解和掌握，培养其认识问题，分析问题，解决问题的能力，全面提高学生的各项素质。

参考文献

[1] 李健芸．环境法教学理念的建构主义转向研究［J］．湖北经济学院学报（人文社会科学版），2017（3）：141－143.

[2] 薄晓波．论案例教学在环境法教学中的运用［J］．四川环境．2014（4）：154－156.

[3] 何香柏．案例教学法在环境法教学中的应用［N］．中国社会科学报，2017－11－1（5）.

[4] 谢伟．环境法案例教学初探［J］．经济研究导刊，2013（1）：307－308.

[5] 陈海嵩．《环境法学》课程教学方法的反思与改革［J］．高教研究与实践，2012（4）：21－23.

[6] 段立章．教学效果评估模式研究［J］．教育教学论坛，2014（30）：51－52.

[7] 张伟．环境法课程案例教学的探讨［J］．商业经济，2011（7）：121－122.

华侨大学　法学院

PBL 模式在“混凝土结构基本原理”教学中的应用研究

刘小娟

摘　要：“混凝土结构基本原理”是一门理论性与实践性很强的专业基础学科，对土木工程专业人才培养至关重要。传统的课堂教学模式不符合工程教育认证背景下以学生为中心、以成果为导向的核心教育理念。分析“混凝土结构基本原理”的课程特点及传统授课方式存在的问题，阐明基于 PBL（Problem – Based Learning）教学模式应用于“混凝土结构基本原理”课程教学的必要性，提出基于 PBL 模式的课程教学思路。

关键词：PBL 教学模式；工程教育认证；混凝土结构；教学改革

引言

2013 年，中国加入《华盛顿协议》成为预备成员，2016 年，中国成为《华盛顿协议》的正式会员。这标志着我国走上了工程教育认证国际化之路。为了与国际化接轨，要求工程人才教育要坚持以学生为中心，以成果为导向，持续改进工程教育核心理念。以成果为导向的教育理念是指以预期学习成果为中心来组织、实施和评价教学的过程，它强调“教育是一种能力培养、能力训练”的过程[1]。传统教学中一般是“以教师为中心，以知识传授为目的”[1]，这种教学模式并不能反映学生在整个教学过程中的表现及其真实能力，不符合工程教育认证重视能力培养的教育理念。因此，针对工程教育认证的核心教育理念，有必要对传统教学模式进行改革，逐步实现从知识课堂向能力课堂转变，以适应培养国际化工程人才的需求。

以问题为导向（Problem - based learning，简称“PBL”）的教学方法是基于现实世界的以学生为中心的教育模式[2]。最早在 1969 年由美国的神经病学教授 Barrows 提出，它强调以学生的主动学习为主，而不是传统教学中的以教师课堂教授为主[3]。显然，PBL 的教学模式与工程教育认证人才培养的核心目标是一致的，即以学生为中心，以成果为导向，强调学生主动学习，以培养学生的能力为主要教学目的。因此，在强调实践能力的工程学科中采用 PBL 的教学模式可为实现工程教育认证背景下的教育理念提供新的思路。

“混凝土结构基本原理”是土木工程专业本科生必修的专业基础课程，主要内容包括钢筋混凝土结构基本设计原则，钢筋和混凝土的材料性能，钢筋混凝土构件基本力学性能及设计方法。这门课程要求学生能将材料力学、结构力学、建筑材料以及混凝土结构基本原理的知识融会贯通，并应用所学知识解决实际工程问题。通过这门课程的学习，学生要具备扎实的混凝土结构理论基础，还要掌握分析和解决实际工程问题的基本能力。因此，“混凝土结构基本原理”是一门理论性和实践性很强的课程，采用传统的以教为主的课堂教学模式不符合工程教育认证的教学理念。有必要深入教学改革，采用PBL的教学模式，以实现工程教育认证背景下培养学生实践能力的目标。

一、“混凝土结构基本原理”课程特点

“混凝土结构基本原理”是土木工程专业学生接触的第一门真正意义上的专业课，同时又是学习“建筑结构抗震”以及“高层建筑结构”等专业课程的基础，在土木工程专业教学体系中起着承上启下的重要作用。这门课程具有以下特点：

1. 知识体系庞杂。“混凝土结构基本原理”这门课程要求学生能从实际结构中抽象出钢筋混凝土梁、柱等基本受力构件的力学模型。根据受力分析，了解构件中截面的应力分布。根据混凝土和钢筋的材料特点，合理选择构件截面尺寸及配置钢筋，使钢筋混凝土构件能够满足承载能力、变形及耐久性的要求。这门课程体系庞杂、知识点多，要求学生能综合运用建筑材料、结构力学及材料力学的知识分析和解决实际工程问题。

2. 工程逻辑思维培养尤为重要。在学习过程中要培养学生的工程逻辑思维，主要体现在以下几个方面：（a）在结构设计过程中要合理平衡安全性和经济性的要求。安全性是结构工程师需要考虑的首要问题，但是一个好的设计不仅要满足安全性的要求，还要经济合理。（b）培养学生建立基本的结构理念和设计思想。比如现有的结构设计方法是采用近似概率的极限状态设计法。由于材料的离散性、荷载及环境作用的不确定性，结构的受力性能与需求也存在较大的不确定性。在受力分析时，不能计算出一个精确解来指导设计。结构设计也不能保证结构的功能得到百分百的满足，而是满足足够的可靠度要求。（c）在混凝土结构设计中构造设计与计算设计同等重要。混凝土结构中有很多问题是采用现有理论不能精确求解，或

者求解过程太过复杂而不得不进行一定的简化。对于不能通过计算确定的问题，需要采取构造措施。因此，在结构设计时必须将理论计算与构造措施相结合以保证结构的安全可靠。(d) 结构设计的结果不是唯一的，这与力学或数学等课程的解题思路不一样。在进行“混凝土结构基本原理”的教学过程中要让学生明白，结构设计的结果不是唯一的。例如，对于钢筋混凝土构件的设计，配筋结果并没有唯一解。设计师需要结合自身的知识及经验在保证结构满足预定功能的基础上，选择一个最优的方案。

3. 结构设计要符合规范的要求。混凝土结构课程是一门实践性很强的课程，要求学生从理论学习过渡到实际工程设计。在教学过程中要培养学生逐步熟悉和正确运用相关设计规范和设计规程。诸如，《混凝土结构设计规范》GB 50010－2010、《建筑结构荷载规范》GB 50019－2012，以及《建筑抗震设计规范》GB 50011－2010（2016 版）等。

4. 图纸绘制符合规范。图纸是工程师交流的语言，要培养学生具有良好的形象思维能力及图形表达能力，能够将自己的设计意图准确规范地通过设计图纸表达。

5. 能够运用新技术解决工程问题。混凝土结构是一门发展很快的学科，在课程教学过程中要引导学生关注学科发展的新动向和新成就，培养学生用新技术解决工程问题，以适应快速发展的学科需求。

二、传统教学存在的问题

目前，传统的教学方法主要采用课堂讲授为主的教学模式，通过钢筋混凝土基本构件的教学实验及两周的课程设计来强化实验及实践性教学环节，通过课后作业及期末考试成绩评价教学效果。根据学生的课堂反映及毕业设计存在的问题，反思这种灌输式的教学模式，仍存在一些问题和不足：

1. “混凝土结构基本原理”这门课程的知识点多而杂，并且与先修的“建筑材料”“结构力学”“材料力学”等课程关系密切。传统的教学模式大部分通过课堂教学完成教学任务，由于课时有限，授课过程非常紧张，教师没有太多时间去关注学生的课堂反映，没有考虑学生的兴趣、爱好。同时，学生要在课堂上被动接受大量知识，不能发挥其主观能动性，大脑容易疲惫，上课容易走神、打瞌睡等，这些都将影响教学效果。

2. 传统的教学模式在介绍完教材中的知识点以后，一般通过例题讲解让学生掌握这些知识点的应用。但是例题中的题设条件是从结构中抽象出一些主要的解题条件，比较简单。并且例题已经把实际工程的问题提取出来，学生根据题设条件解题就可以，整个过程更像是解数学题，缺乏分析问题的过程。学生即使掌握了解题过程，在遇到实际工程问题的时候，还是不知如何解决。因此，传统教学存在理论与实践脱离的现象。

3. 传统的教学模式在评价教学效果上一般采用两种方式，课后作业及期末考试。虽然课后作业和期末考试能在一定程度上反映学生对于知识点的掌握情况，但是仍不能全面反映和评价教学效果。“混凝土结构基本原理”的课程目标不仅让学生掌握基本理论，更重要的是培养学生的专业技能，单从课后作业和考试成绩并不能评价学生处理和分析问题的能力。通过期末考试发现了问题以后，也来不及调整教学方法，没有达到“教学相长”的目的。

4. 传统教学存在“重教材，轻规范”的现象。在传统的课堂教学中，教师一般以讲授教材内容为主，较少涉及规范内容。但是土木工程的从业人员，不论是从事设计还是施工，都需要按规范来执行。因此，学生需要理解规范的条文，同时还要养成翻阅规范和设计手册的习惯，养成应用规范指导工程设计和施工的习惯。

三、采用 PBL 教学模式的必要性

PBL 教学模式自提出以来，在医学教育领域取得了丰硕的成果[3-5]，在机械工程[6]和化工[7]等领域也有一些有益的尝试。相比传统的“填鸭式”教学，PBL 教学模式提倡以问题为中心，以学生为主体，重点培养学生自主学习、发现问题和解决问题的能力。PBL 教学模式要求教师在备课时要精心选择和设计问题，学生通过解决这些问题可以获取关键知识，培养熟练的解决问题、自主学习以及团队协作能力。PBL 教学模式可以充分调动学生学习的积极性，学生可以在解决问题的过程中发现新的问题，通过查阅相关资料以及与同学、老师相互讨论，形成对问题的看法和解决方法。这个过程不仅可以使学生对所学知识融会贯通，有效掌握理论知识，更有利于培养学生动手能力、分析能力、协作能力以及创新性思维。这个培养模式正符合目前国家工程学科培养创新性人才的目标。

土木工程学科是一个对理论知识和实践能力要求非常高的学科，要求学生可以综合应用所学知识解决实际工程问题。“混凝土结构基本原理”作为土木工程本科教育的专业基础课，其教学目标是使学生基于建筑材料、材料力学和结构力学知识，加深对钢筋混凝土结构组成材料和构件力学性能的理解，掌握钢筋混凝土结构的工程知识，确立正确结构设计理念，形成工程知识基本框架。培养学生运用所学材料与力学知识，可以全面综合分析、思考和掌握钢筋混凝土结构性能，掌握解决混凝土结构实际工程问题的能力。传统的教学模式中，学生被动地接受知识，教学效果不太理想。

鉴于以往 PBL 教学模式在房屋建筑学[8]以及建筑给排水等课程中的有益探索，为了较好地达到教学目标，有必要改变传统的教学模式，在“混

凝土结构基本原理”的课程教学中采用 PBL 的教学模式。

四、PBL 教学模式在“混凝土结构基本原理”教学中的具体应用

1. 按照教学大纲要求，明确培养目标

教学大纲一般包含教学目标和基本教学内容两部分。其中，“混凝土结构基本原理”的教学目标是培养学生可以综合运用所学知识，解决混凝土结构的实际工程问题。根据土木工程专业学生的毕业去向，实际工程问题包括设计问题、施工问题以及检测问题等。因此，采用 PBL 教学模式进行“混凝土结构基本原理”课程教学之前，要对学生有一个基本的了解，初步了解学生的职业生涯规划，明确培养目标。根据学生毕业后选择职业的初步意向进行分组，教师在设计工程问题时，有针对性地进行引导。

2. 精选典型工程案例，培养思维模式

PBL 的教学模式是要根据教学大纲的要求，将学习设置在真实且有意义的问题情景中，学生在此情景中通过自主学习、小组讨论和团队协作等，最终解决问题。在解决问题的过程中，学生掌握了问题背后相关的专业知识，培养学生综合分析和解决问题的能力。因此，选择切合实际且行之有效的教学案例至关重要，这关乎整个教学设计的成功与否。

对于“混凝土结构基本原理”这门课程，需要把结合钢筋混凝土基本构件知识体系的工程项目引入教学之中。考虑到这门课程的主要内容包括钢筋和混凝土的材料属性、钢筋混凝土构件的承载能力计算、钢筋混凝土构件的变形及裂缝控制、预应力混凝土构件等。其中，受弯构件及受压构件的承载力计算是重中之重。因此，可以选择一个多层钢筋混凝土框架结

构作为典型工程实例，整个教学过程可以围绕典型工程案例展开，这样有利于培养学生的工程概念以及思维模式。

3. 设置相关问题，引导主动学习

在开学初根据分组情况布置课程学习任务，即每个小组完成典型的多层钢筋混凝土框架结构梁、柱的设计。根据小组成员的基本情况，设置相关的问题。例如，通过调整楼面荷载，使得框架中部分柱子的轴压力很大，引导学生思考轴压力对于柱子承载能力及变形性能的影响。如果柱子的轴压承载力不能满足要求，如何解决？如果柱子的轴压力比较大，且主要由恒载引起，会出现什么工程现象？在进行钢筋混凝土梁的设计时，设计人员预期的破坏模式是什么？如果梁的裂缝宽度可能超过限值，如何解决？通过设置这些问题，学生可以去查找资料，小组成员之间也可以互相讨论，提出几种解决方案，并说明理由。在这个过程中既激发了学生学习的兴趣，同时也在解决问题的过程中让学生掌握课程相关知识并懂得应用这些知识解决实际工程问题。

4. 利用网络平台，促进小组讨论

PBL 教学模式的一个显著特征是增加师生之间，或者同学之间的交流互动。通过师生互动或者同学之间的讨论既可以传授知识、交流思想，也可以引发对新问题的思考。同时，教师也可以通过与学生的交流了解学生对于知识和技能的掌握程度，有针对性地设计学习任务及问题，实现教学相长。因此，PBL 教学模式需要有一个交流平台。由于课时紧张，如果仅在上课时间进行面对面交流，会导致讨论不充分，问题分析不透彻。同时，如果学生在课后学习的过程中遇到问题，由于时间和空间的限制，无法做到及时沟通，也会降低 PBL 的教学效果。

因此，在PBL教学过程中，可以借助网络平台，如微信平台和QQ平台等，建立师生之间的学习交流群或小组成员之间的学习讨论群，方便及时答疑解惑、交流讨论。也可以将一些好的学习资源上传平台共享，提高学习效率。

结语

分析“混凝土结构基本原理”的课程特点及传统课堂教学模式存在的问题，结合工程教育认证背景下以学生为中心、以成果为导向的核心教育理念，阐明了基于PBL教学模式应用于“混凝土结构基本原理”课程教学的必要性，提出基于PBL模式的“混凝土结构基本原理”课程教学思路。基于此，建议在“混凝土结构基本原理”的教学中采用PBL的教学模式。

参考文献

[1] 刘建平，贾致荣，师郡．基于OBE教育理念的混合课程教学改革——以混凝土与砌体结构设计课程为例［J］．高等教育，2018，27(6)：87－92.

[2] 杨群，王宗平，罗凡．建筑给排水工程PBL教学模式构建与应用［J］．高等建筑教育，2013，22（1）：90－93.

[3] 吴兰，托娅，样志昉．基于PBL的双语教学在糖代谢大班教学中的应用［J］．基础医学教育，2019，21（1）：54－57.

[4] 梁玉琼，覃日宏，马静．PBL法在中医独立院校《生理学》中的应用效果与评价［J］．教育教学论坛，2019（10）：173－174.

[5] 谢婉玲. PBL 教学结合情景再现法的带教模式在神经外科护理实习教学中的应用效果 [J]. 医学理论与实践，2019 (5)：772－773.

[6] 胡雪，夏博，葛云，魏敏，赵庆展. 基于 PBL 模式的机械制造工艺学课程教学设计探究与实践 [J]. 教育现代化，2018，5 (36)：294－295＋300.

[7] 邓人攀，张玉才. 基于问题导向 (PBL) 教学法在《化学反应工程》教学中的应用与实践 [J]. 高教学刊，2019 (1)：79－81.

[8] 钟延芬. PBL 教学模式在“房屋建筑学”课程教学中的应用 [J]. 科教导刊 (中旬刊)，2015 (9)：128－130.

华侨大学　土木工程学院

大学生岩土工程模型设计竞赛的实践与探讨[①]

郑双杰　彭　博　黄绍云　陈美君　陈静林

摘　要： 阐述第三届华侨大学大学生岩土工程模型设计竞赛“桩基础建造”实践，探讨结构设计竞赛在提升土木类专业学科建设平台，提高师资队伍教研业务水平，营造教学相长局面，增强学生创新实践能力等方面的作用与启示。

关键词： 土木工程；模型设计竞赛；学科建设；教学研究；创新实践

大学生结构设计竞赛是实现土木工程高等教育培养目标的一种重要手段。近年来，为深化高等学校创新实践教育改革，进一步激发高校学生创新实践热情，华侨大学土木工程学院于 2017 年 12 月举办了“第三届华侨大学大学生岩土工程竞赛”（以下简称“岩土赛”）。“岩土赛”主要面向全院土木工程及相关专业的本科生，同时也欢迎其他专业的学生报名参

① 基金项目：“国家自然科学基金青年项目”（项目编号：51808235）；“福建省自然科学基金青年创新项目”（项目编号：2018J05083）；“华侨大学高层次人才科研启动费项目”（项目编号：16BS804）。

与。其宗旨及目的是，通过竞赛活动激发青年学生和教师的创新意识，提高他们对岩土工程及相关专业课程的学习兴趣，锻炼师生的实践能力和协作精神，促进师生间、学生间的沟通交流。竞赛的组织与实施过程体现了土木工程学院鲜明的专业特色，激发了学生对土木工程专业课程学习的兴趣，达到了增强大学师生实践能力的预期目标。

一、竞赛的组织方案

（一）赛题要求

本届“岩土赛”的题目为“桩基础建造”，要求参赛大学生运用砂子、纸板和模型箱，建造一个可承受竖向静力荷载且不发生过大沉降的桩基础，如图1所示。参赛作品中用时较短、质量较轻、沉降较小者得分较高，以综合得分最高者获胜。

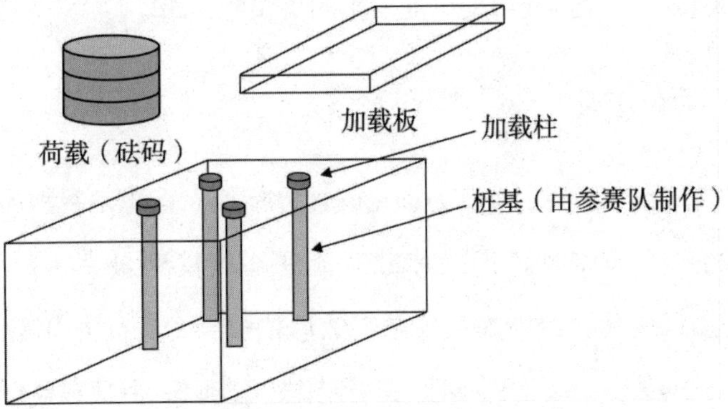

图1　“岩土赛”赛题示意

（二）宣传推广

为尽可能地鼓励在校大学生报名参加本届“岩土赛”，组委会采用了多种多样的宣传推广策略，包括发放赛题传单、张贴竞赛海报、群发办公邮件、QQ 班群通知、微信群通知及学校网站公告等。其中群发办公邮件、微信群通知及学校网站公告的方式，对于相关学院的专业教师、辅导员、学工教师、班主任等可起到较好的提醒作用。而在校大学生则更多从赛题传单、竞赛海报及 QQ 班群通知等渠道获知比赛信息。

（三）组织形式

在校大学生报名参加“岩土赛”后，需自行寻找合作伙伴，组建参赛队伍，并推选其中一名学生作为队长，负责参赛过程中的沟通联系与组织协调等工作。为规范学生对实验室仪器设备的使用，提高竞赛作品模型的质量，保证师生人身与财产安全，要求参赛队伍需自行联系一位本学院专业教师作为指导教师。竞赛既可锻炼大学生的沟通协调能力，也有助于增进师生在课堂外的互动交流。竞赛评委由土木工程学院的资深教师担任，同时委派创新创业部学生成立评审小组，协助评委推进比赛实施进程，规范参赛队员操作，并协调解决可能发生的争议和纠纷。

（四）评分细则

本届“岩土赛”制定了较为细化的评分标准。首先是判别加载是否成功。若顺利完成预加载及正式加载，且桩基础模型最大沉降量不超过 10mm，则加载成功，否则加载失败。然后依据得分评定细则计算具体分值，总得分 $S = S1 + S2 - S3 - S4$。其中制作得分项 S1 由预赛成绩评定，最高 10 分。沉降得分项 $S2 = 1000 - 100 \times \delta$，且 δ 为最大沉降量，单位为 mm。耗材扣分项 $S3 = (P - 300) /5$，P 为包括纸和胶带在内的材料用量，单位为 g。用时扣分项 $S4 = 10 \times (T - 120)$，T 为桩基础模型制作所消耗的时间，单位为分钟。

二、竞赛的实施过程

（一）材料工具

国内外举办的各类结构设计竞赛中，直接采用钢材、钢筋、混凝土及砌体等建材制作模型的较少，主要是由于工程建材强度较高、加工较繁且成本不菲，影响本科大学生的参赛积极性。各类竞赛实施过程中，常用的选材更偏向于木材、竹材、有机玻璃、PVC 材料、硬卡纸或铝材等便于手工制作的材料，有利于推动量大面广的在校学生参与竞赛活动。

本届“岩土赛”由组委会为参赛者提供风干标准砂、灰底白纸板、双面胶及透明胶带等作为桩基础模型制作的材料。模型制作工具包括有机玻璃模型槽、剪刀、裁纸刀、铲子、装料桶，加载用的圆盘形砝码、有机玻璃加载柱、长方形复合板材加载板，以及测试沉降用的百分表。这些选材和工具的成本易于控制，购买途径较广，加工较为方便，既减轻了组委会的经济负担，也为鼓励更多相关专业的大学生参赛创造了良好的条件。

（二）设计原则

此次竞赛的基本设计原则是“轻质高强”。为保证公平公正，仅允许采用组委会提供的材料制作桩基础模型，并归还剩余材料，以实际损耗材料计分。传统桩基础形式中，灌注桩可封底填砂，强度较高，但填砂质量计入扣分；管桩内部不允许设隔板，强度较低，自顶向下 20mm 后可填砂，但填砂质量不计入扣分。采用扩底桩、桩身局部扩大异型桩可明显增大强度，限制桩体截面最大尺寸不超过最小尺寸 2.5 倍，且群桩不允许连接。这样可避免某一类桩基础形式存在明显的比较优势，从而鼓励参赛大学生积极提出创新结构。

学生可通过上网搜索实际桩基础图片，从生活中类似结构进行联想，以及查阅课程教材、专业著作、设计规范及学术论文等方式，来进行设计方案的头脑风暴。针对模型设计中遇到的难题，参赛学生与指导教师应及时沟通讨论，参考专业课程中所学的力学原理、设计理论与实验方法，通过模仿、设想、试验、改进的不断迭代和反馈，不断提升设计方案的合理性及可靠性。在这个过程中强化课堂理论的再学习，同时提升创新实践应用的能力和素质。

本届“岩土赛”模型设计的基本原理是，桩基础承载力由桩端阻力与桩侧摩擦力两部分构成，参赛师生须把握该基本理念进行有的放矢的模型制作与改进。

（三）模型制作

在实际模型制作过程中，贯彻实施“学生中心，成果导向，持续改进”的土木工程专业认证人才培养理念。

1. “学生中心”理念：在校学生自发组建参赛团队，推选队长负责总体组织管理与联系协调等工作，其他队员则精诚合作、各司其职。指导教师应全心全意为学生服务，守护好学生对专业和创新实践的热情，积极响应、鼓励和引导；先从宏观上把握竞赛关键时间节点、模型制作要求、加载测试方法、控制技术指标、比赛成绩标准等，然后放手由队长去分配任务，由队员去探索方案。指导教师仅在必要时适时鼓励并参与讨论，提出优化改进的建议，发挥参赛学生的主观能动性。

2. “成果导向”理念：参赛学生需通过构思、绘图、计算、手工制作等，将虚拟的设计方案转化为质量上乘的实物模型。在模型制作过程中，应包容队友间不相一致的意见，勇敢地尝试和碰撞不同的想法。在队员意见出现重大分歧时，应秉持团队协作精神，避免主观臆断，而要以实际的模型制作成果、加载测试成绩为准绳进行设计方案的取舍。

3. “持续改进”理念：在竞赛过程中，各组参赛队员通过模仿、设想、试验、改进的不断迭代和反馈，为团队提出更趋合理的设计方案并付诸实践。竞赛时间有限，但要求加工迅速准确。试制模型时也要和正式比赛一样紧张，每割一刀都需精确算好长度，否则可能拼装失败。为此，在决赛前的试制过程中，参赛队员必须持续改进各自的设计方案和制作流程，特别是精心选择节点连接处理方式，保证纸板通过胶水能拼装成造型轻巧、承载力高的桩基础模型。

图 2 所示为本届“岩土赛”参赛学生的模型作品实例。其桩身主体结构为灌注桩，初步设计为节约材料采用圆形截面，但实际加工制作效果不佳，纸板难以卷成圆柱且接缝胶接也不牢固。经过反复试制后，最终选定矩形截面，便于弯折成形与粘接。从桩基础受力的基本原理出发，参赛学生在桩身中段加设局部扩大圆盘，并在桩底设置封底圆盘，整合了“灌注桩”“扩底桩”及“桩身局部扩大异型桩”的承载性能优势。这体现了参赛学生在科创实践的过程中，已经开始尝试运用整合创新的思维方式解决复杂工程问题。

（a）桩身主体　　（b）局部扩大　　（c）封底成型

图 2　“岩土赛”作品实例

（四）现场测试

桩基础模型测试在华侨大学土木工程学院学生科创中心进行。先由评审人员进行模型称重及记录，再由参赛学生自主进行置桩定位与填砂作业。桩基础填砂完成后，参赛学生可向评审人员提出完工验收申请，验收合格后将模型静置 5 分钟。模型静置期间，参赛学生介绍模型制作过程中的设计思路、心得体会与经验教训等，专家评委对作品质量与学生现场表现进行点评。这有助于活跃竞赛现场气氛，增强师生互动交流与其他学生的参与感。

模型静置结束后，在评审小组监督下，由参赛者自行进行正式加载测试。首先安装辅助装置，在每根桩基础的顶面叠放加载柱和加载板，并在板边安装沉降测量用的 4 个百分表。然后施加预压荷载，在加载板中心预压 5kg 砝码，消除各种施工间隙。最后正式加载测试，按 5kg 增量逐级增加砝码，两级之间静置时间间隔为 30 秒，最后一级加载时静置 2 分钟，读取 4 个百分表的最大值作为最终沉降值。

图 3 所示为本届“岩土赛”参赛作品的现场测试情况。根据加载测试结果，对各参赛队伍的模型作品进行评分及排名，并颁发相应的奖项。

（a）桩内填砂　（b）置桩定位　（c）预加载　（d）正式加载

图 3“岩土赛”现场测试

三、竞赛的作用和意义

（一）提升土木工程学科建设平台

“岩土赛”是土木类专业大学生模型设计竞赛的重要赛事之一，有助于在课堂教学以外，拓展相关专业的教学培养体系，丰富教学方法手段，优化人才培养模式，对促进在校学生德智体美劳全面发展、提高本科教育教学质量、推动土木工程学科建设与发展起到了不可替代的作用。成功举办一场特色鲜明的模型设计竞赛，有助于体现学校与院系领导、教师队伍与学生团体的组织管理与活动策划能力。通过对赛事的持续跟进报道、线下现场宣传及在线媒体造势，可以营造良好的舆论环境，对提升学校的声誉起到了很好的作用，有助于增进大学师生的集体荣誉感和自豪感，以及对所在院系和所学专业的信心。同时，模型设计竞赛也是进行教学评估，检验本科教学质量与水平的绝好机会。通过竞赛实践可以较为显见地暴露学生在专业知识体系中的薄弱点，方便相关学科进行有的放矢的教学改革，持续提升教育教学水平，助推土木类专业的学科建设和发展。

（二）提高师资队伍教研水平

模型设计竞赛，由参赛学生自行联系指导教师，通过师生双向选择来确定参赛名单。这也是对专业教师的一种挑战。首先，以模型设计竞赛为契机，通过选拔学生、赛前培训、现场互动、评奖评优等环节的设计，可以丰富大学教师的教学体验与经历，尤其是调动青年教师对教学工作的热情，激发教师进行教学改革的积极性。其次，教师通过指导学生参加模型设计竞赛，可增进对学生所学知识体系完整性的认识，有机会了解学生参加课外创新实践活动的情况，评估学生创造性地运用专业基础理论解决复杂工程问题的能力。最后，模型设计竞赛的赛题通常不是课堂教学理论的简单应用，这有助于以赛促教，督促专业教师注重积累创新实践的指导经验与教训，从参赛过程中发现教学业务能力的短板，从而有针对性地夯实专业理论基础，持续拓展专业理论体系，不断提升教学研究水平。

（三）营造教学相长良好局面

本科学习阶段，大学师生交流不如中小学紧密，比较局限于课堂互动。如果学生没有参加类似“岩土赛”的创新实践活动，就难有机会和本专业教师进行深入交流。同时，学生课堂所学理论知识，也需要合适的机会学以致用。以本届“岩土赛”为例，其赛题为“桩基础建造”，这与力学及结构等专业课程的联系非常紧密。学生在模型制作过程中，需要实时参考和应用相关课程内容，可增强对专业课程重要性的理解，激发对后续专业课程学习的兴趣。特别是本专业新生参赛时，需要为弥补专业课程知识体系缺失而进行超前学习，提前参阅结构力学、材料力学与结构设计原理等相关课程的教材，并通过在线搜索调研与赛题相关的专业著作与学术论文。这有助于发挥大学生的主观能动性，尽早拓宽学术视野，增强对专业课程的热爱，增进对专业教师的信任，对营造教学相长的良好局面起到了很好的作用。

（四）增强学生创新实践能力

现代大学生要从“宅腐文化”“人生虚无主义”“犬儒主义”等消极思想中解放出来，特别需要参加一些类似“岩土赛”这样能够发挥主观能动性和创造性，尽情挥洒青春活力的创新实践活动。参赛学生在各个比赛进程中，都需要发挥各自的主观能动性。队长需要寻找比赛机会，召集其他志同道合的队员，寻求指导教师的协助，锻炼分配人力资源、对外联系工作、对内解决矛盾、管理进度质量等方面的能力。队员需要精诚合作，在团队中发挥自己独特的作用，勇敢地尝试和碰撞不同的想法，为团队提出更趋合理的设计方案，同时磨炼构思、绘图、计算、手工等专业技能，将虚拟的设计方案转化为质量上乘的实物模型。因此，模型设计竞赛有助于增强大学生创新实践能力，为毕业后能独当一面地承担复杂工程项目的管理工作打下良好的基础。

参考文献

[1] 李扬，汪秋红．浅析结构设计竞赛对大学生综合能力的培养[J]．教育教学论坛，2017（18）：212－213.

[2] 曾武华，王逢朝，杨焓，等．工程教育理念下的结构设计竞赛研究［J］．高教学刊，2017（7）：63－65.

[3] 陈以一，周克荣，顾蕙若，等．工科学生实践性设计竞赛活动的组织方式［J］．高等建筑教育，2001（2）：42－44.

华侨大学　土木工程学院

电子与通信专业超高频技术类课程建设的思考[①]

张　海

摘　要：“电磁场”“微波技术”“天线设计”等超高频技术类课程是工科通信、电子专业学生的一类重要专业课程。此类课程内容广泛，信息量大，理论性强，所用的物理学、高等数学、电磁场理论等知识较多，是电子与通信专业中公认的比较难学的课程。由于传统教学中存在着“教学方法单一”“实践教学所占比重较小”及“表现形式过于抽象”等问题，很大程度上影响了教学效果。针对以上问题，对课程体系与教学方法进行了改革与创新，引入了多媒体教学手段与电磁仿真实验，采用了“诱思探究”教学方法，同时还自主研发了“电磁场与微波技术多媒体教学演示软件”。

关键词：超高频技术；多媒体；仿真软件；教学改革；诱思探究

① 基金项目：福建省本科高校教育教学改革研究项目（项目编号：FBJG20170151）。

一、引言

随着信息技术的飞速发展，作为信息主要载体的超高频电磁波—微波，不仅在卫星通信、移动通信、雷达、遥感遥测等领域得到了广泛应用，而且深入到了各行各业，甚至步入到人们的日常生活中[1]。因此，对于电子与通信专业的学生来说，“电磁场”“微波技术”“天线设计”等超高频技术类课程的学习在目前乃至今后都占据着重要地位。超高频技术类课程是理论性、工程性与实践性较强的课程，通过这些课程的学习，学生应掌握微波技术与天线辐射的基本概念、基本理论和基本分析设计方法[2]。课程中大量采用近似、等效、经验公式、仿真和实验等工程实践的处理手段，让学生了解超高频系统的最新技术和应用。该类课程着重培养学生分析问题和解决实际问题的能力，切实提高动手能力，为今后从事微波通信技术、微波电路设计、光波通信系统的研发工作打下坚实的基础。另外，此类课程涉及电磁场理论和微波网络系统以及天线技术，内容广泛，信息量大，理论性强，所用的物理学、高等数学、电磁场理论等基础知识较多，要求学生要有较好的数学基础，是电子与通信专业课程中比较难学的核心专业课[3]。近年来，在教育部《关于全面提高高等教育质量的若干意见》指导下，华侨大学大力开展“改进教学方法、提高教学质量”等活动，本文的研究内容就是在此背景下引出的。

二、传统教学中存在的问题

目前，超高频类课程传统教学中依然存在着较多问题，主要表现为以下三个方面。

（1）教学方法比较传统单一。由于此类课程中的数学和物理公式较多，目前很多高校还在采用传统的“一支粉笔、一块黑板”的教学方式，板书所占课时的比重较大。虽然这对于理论推导比较严谨的课程，有助于让学生充分理解公式的由来，但是讲课效率却无法充分提高。

（2）偏重理论教学，实践教学所占比重较小。在有限的课时教学中传统方式仅仅能将基本的、重要的概念、原理、方法教授给学生，而对超高频技术的发展前沿、更深一层次的教学知识点、探索性、发散性的学科问题涉及较少。另外，由于课程的理论推导较多，缺少直观的实验验证，学生感到枯燥乏味，导致学习兴趣较低。

（3）超高频元器件都是通过对电磁场的控制来实现所需功能的，学生对微波射频系统接触较少，单纯的课堂讲授使学生感到抽象，教学效果不够好。因此，教师应根据课程特点，更新教学观念，充分利用现代信息技术，尤其是多媒体、网络技术及计算机辅助教学，探索以现代信息技术为基础的新型教学方法和教学模式，充分发挥学生学习的积极性和自主性，从而提高教学质量[4]。

三、课程改革的任务与重要举措

探索超高频技术类课程新的教学方法和教学手段，提高教学质量，培养教师梯队，丰富网上教学资源，加强理论联系实际，充实实验内容。改进教学方法，在学生掌握理论知识的基础上，注重启发学生的创造性思维和应用能力的培养。同时注意了解国内外同类课程最新教材的发展趋势，汲取国内外优秀教材的精华，使教学内容紧贴学科发展的前沿，力争将此课程打造成校内外同行认可的“精品课程”。同时，加强构建优秀的教学团队，逐步培养教学名师。为了达到以上改革目标，教研组在日常教学中采取了以下具体改革措施：

（一）引入多媒体教学手段

以“微波技术与天线”课程为例，该课程由两大部分组成：微波技术和天线原理。这两部分各有特色，微波技术着重从“路”的角度去解决微波信号的产生、传输问题；天线则侧重从“场”的角度去研究天线的辐射和接收问题。场的思想也始终贯穿于整个微波技术的教学之中。例如“传输线”这一章，“为什么微波信号不能只用单根实心导线来传输?”这一看似简单的问题，许多学生在学完这门课的时候往往还是不能明确地回答。究其原因是学生对微波信号的本质认识不深，没有从场的角度去考虑问题。导致学生认识不清的原因在于，教师教学时往往侧重从电路的角度运用电报方程去描述微波信号的传输过程，很少从微波信号场的本质去阐述这一问题。如果教师在教学时运用多媒体手段，将微波信号的传输特征用动画的形式生动地呈现在学生面前，就能够清楚地说明微波信号在通过单根实心导线时只能沿导体表面传输，导致损耗过大而不利于信号传输的特点。这样讲授，就会使学生很容易认识和理解微波信号的本质问题，而不至于混淆概念。因此，多媒体这一教学手段可以很生动、形象地去表达“场”这一看不见摸不着的物质，帮助学生建立或者重构“场”在他们大脑中的印象，避免教师在“场”教学中的枯燥乏味，从而达到良好的教学效果。

在讲授无耗传输线的工作状态、规则金属波导中的场时，可采用多媒体来教学。如对于矩形波导中 TE_{10}模的电场、磁场以及三维场分布，可以采用多媒体动画的形式来呈现，这样就会使学生更加直观、深入地认识矩形波导中的场分布，加深理解，提高教学效果。对于各种不同的天线结构，可借助幻灯片，收集一些相关的图片展示给学生，加深学生对相关知识的认识与理解。

总之，对于一些教学提纲、归纳小结、图文图表以及动画演示的内容，宜采用多媒体教学；而对一些理论公式的推导，则用板书授课能够增强师生之间的互动性，取得更好的授课效果，学生也能够跟着教师的思路一步步领会和掌握课堂讲授的知识。所以，在“超高频技术类”课程的教学中，应充分利用多媒体辅助教学的优势，采用板书和多媒体优势互补的授课方式[5]。

（二）引入电磁仿真软件

在实验教学中，可采取硬件平台与软件辅助设计相结合、学生实际动手操作与演示相结合的方法，开展基于仿真实验平台的实验内容。目前各公司对该专业人才的需求是要求具备研发能力，具备 CST STUDIO SUITE、Ansoft HFSS、IE3D 及 ADS 等仿真软件的应用能力，因此，在课堂教学中有必要将这些仿真软件介绍给学生，并开展基于仿真实验平台的实验内容，让他们进行相关的软件仿真实验。

例如：CST STUDIO SUITE 软件是以有限积分法为基础的仿真软件，应用该软件可直接得到特征阻抗、S 参数及辐射场、天线方向图等结果。在讲完理论知识后，可以应用 CST 仿真软件，对常用的天线结构—微带天线建立模型，进行仿真研究。在仿真结果中，可以使学生清楚地看到 E 面和 H 面的方向图及其散射参数，可以使学生加深对天线理论的理解。另外，也可以用该软件对常用的微波器件，如微带滤波器进行仿真，可以得到频率响应曲线。分析仿真结果，可得到相关的工作参数，谐振频率、插入损耗、回波损耗、带宽等，非常有效。

实践教学表明，在讲授相关章节的内容后，通过引入电磁仿真软件，不仅可以使学生更好地理解“超高频技术类”课程的基本概念、基本原理，初步掌握微波领域的电磁仿真软件的基本操作，而且通过对仿真软件的介绍，还会使学生对该课程产生浓厚的兴趣，增强学习的积极性，提高学生学习的效率，为今后从事微波与天线领域的科研工作打下良好的基础[6]。

（三）改进教学方法和手段，提高教学灵活性

超高频技术类课程是一系列理论性较强的课程，无论从教的角度，还是从学的角度来讲，都会感到非常枯燥。因此，要以应用为主线，不断改进教学方法和手段，努力改善理论教学的枯燥性，使其向实践的生动性贴近，增强学生学习的兴趣，充分调动学生学习的积极性。

（1）要开拓学生的眼界。在课程讲授的过程中，可以适当地把国内外的重大科技事件和授课内容联系起来，这样既可以开拓学生的眼界，又可以提高学习兴趣。例如，未来移动通信技术中的射频技术，近年来的热门课题太赫兹技术等，许多新技术的发展和应用都可以和微波技术课程联系起来，使学生产生对未来的美好憧憬，激发自身的使命感和责任感。

（2）教师应将创造性的科研工作引入到教学过程中。学生可以接触到学术领域中最新研究成果和最新问题。不仅向学生传授了最新知识，而且还能够引导学生了解哪些是尚未解决及有待解决的问题，激发学生进行独立思考，使学生的创造性思维能力得到发展。在教学过程中，要启发学生运用科学方法进行思考和解决问题，了解科学研究的过程，掌握科学研究的方法，增强对将来从事相关科研工作的兴趣和信心。

（3）积极开展网络教学改革。充分利用网络教学来补充课堂教学，将网络教学与课堂教学有机地结合起来。开通网上教学平台，提供电子教材和相关多媒体课件，以激发学生的学习热情；开通在线答疑并开设答疑邮箱，方便而又及时地了解学生对该课程的学习情况，解答学生在学习过程中遇到的困惑，这同时也给学生提供了一个交流的平台，他们可以对一些

共同感兴趣的话题进行讨论与交流，共同进步。另外，积极指导学生利用网络资源了解本学科发展的最新动态和当前研究的热点问题，鼓励学生对所学内容及自己的想法进行归纳总结，撰写学习笔记，实现创造性学习。

（四）“诱思探究”教学方法的应用

“诱思探究”教学方法论要求教师在教学过程中积极主动地创造条件，实现学生的主体地位。通过循循善诱促进学生独立思考，引导学生五官并用、全身心地参与教学过程，做知识的“探索者”和“研究者”。在切身体验和感悟中达到“掌握知识，发展能力，陶冶品德”的三维教学目标，从而促进学生掌握知识、完善人格、获得全面发展。在教学方法上是启发式，在教学过程上是探究式，在教学价值上是发展式[7]。在使用该方法时，需要注意以下几点要求：

（1）正确处理教和学的辩证关系是成功教育的前提，教和学的人际和谐是教学系统中一切和谐的基础；以人际和谐保证系统和谐。斯卡特金曾肯定地说：“教学效果基本上取决于学生对教学活动的态度。”因此，教师要热爱学生，注重师生之间的情感交流，在深入了解学生的学习习惯、学习特点和兴趣爱好的基础上，建立起深厚的师生感情，让学生“亲其师、信其道”。

（2）“诱是外因，思是内因”，只有把“诱”调节到“思”的频率上，才能使“诱”与“思”发生共鸣，从而大幅度地提高教学质量。变教为诱，变学为思，以诱达思，互动共通。所谓“启而不发”，实质上是“诱之不当”造成的。引导学生带着具体的任务进入学习情境，使学习直观化、形象化。这样可以有效地激发学生的联想，唤起他们原有认识结构中的有关知识、经验及表象，从而使学生利用有关知识与经验去消化所学的新知识，发展能力。因此，教学过程中尤其对课题的引入在“诱”字上狠下功夫。

（3）“变学为思，变学为悟”，这就是实现学生主体地位的精要。如何实现学生的主体地位，这其中除了诱导思维之外，注重培养学生的学习态度、克服困难的勇气及学习习惯是教师的重头戏。

（五）多媒体教学演示软件的开发与应用

本教研组经过多年的努力，自主设计研发了一款电磁场与微波技术多媒体教学演示软件。本套教学软件采用了面向对象语言 Python 进行编写与开发，调用了 Python 自带的软件库及 Numpy、WxPython 等对其进行设计，并使用 wxFormBuilder、Flash CS6、pyinstaller 等工具对软件进行辅助设计[8]。整个系统的功能包括：均匀传输线的仿真及工作参数求解，绘制各种状态下传输线上的动态波形，波导内电磁场分布情况演示，平面波的投射、反射与折射，波的极化以及微波技术在现实生活中的应用体现等。教学软件的主界面如图 1 所示，主要由窗口、菜单、按钮、文本框等元素组成。界面的布局就是对系统组件的布置、摆放以及对不同控件素材进行整合与设计，从而使得多媒体教学软件能够以合适、科学的运行状态被用户打开，并且展示整个软件的友好的交互界面[9]。界面的设计遵循简单、实用、风格统一的原则，程序的最顶部为功能菜单栏，用于完成主界面与副界面的交换[10]。主界面为微波传输线的状态分析仿真界面，副界面为 Flash 动画展示界面。在主界面中，将内容展示置于界面正中心，以达到用户视觉中心与主体突出的效果。内容展示分为两部分，上半部分为波形动态显示区域，用于显示传输线上电压和电流的波形传输情况，即动态展示行波、驻波、行驻波的效果。下半部分为传输线电路示意图，可以通过该部分确定传输线的仿真类型以及波形与传输线位置的对应关系。在内容展示下方设置主要交互界面，用于对展示的内容进行操作，包括切换传输线的负载类型，输入负载参数，打开或关闭电压电流显示选项，启动和暂停波形仿真，以满足不同用户的操作习惯。

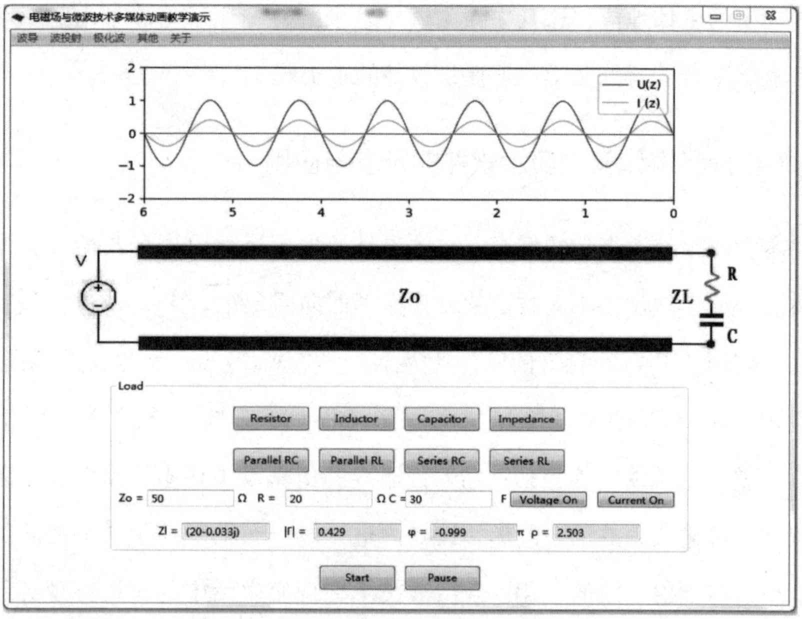

图 1　教学演示软件主界面

用户可通过软件界面上的相应按钮，切换不同的传输线模型，从而进行不同类型的传输线仿真。主界面上拥有四个控制按钮，分别用于仿真波形的启动、暂停，电压和电流的显示开关，用户可通过这四个按钮完成与软件界面的交互。在用户选择传输线类型之后，工作参数的输入输出框类型也会随之改变，用户可在输入框中输入合法参数，点击启动按钮后，程序会自动计算得出模型参数的计算结果并显示于输出框中，从而达到用户与后台参数的交互。另外，通过上方菜单栏可启用 Flash 动画演示功能，在 Flash 弹出窗口中有内嵌交互按钮，根据不同的 Flash 类型，交互按钮有所不同。其主要功能包括开始和暂停动画演示，工作参数的输入与输出，及控制动画的播放速度等，用户可通过这些按钮实现与 Flash 演示动画的交互。图 2 所示为矩形波导内部电磁场分布的 flash 动画演示。该教学演示软件及配套材料已经在教学实践中使用两届，学生反应良好，达到了理想的教学效果

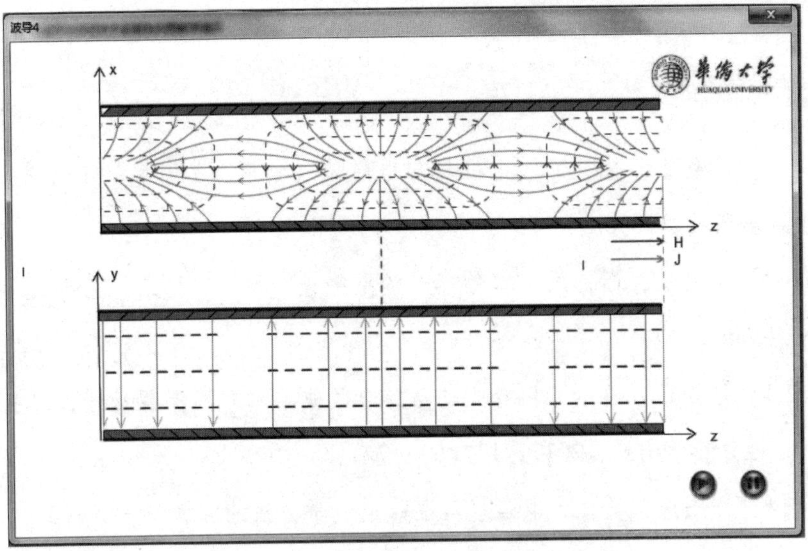

图 2　矩形波导内电磁场的空间分布图

四、结语

“电磁场与微波”等超高频技术类课程既有严格的理论基础，又涉及广泛的专业知识。在教学工作中，教师要结合具体课程特点，采用启发式教学。教学过程中，有计划地设计好每一节课，灵活采用多媒体教学手段，激发学生的学习兴趣，调动学生的积极性。同时发掘问题，提供思考材料，指明思考的方向和线索，训练学生正确的思维方法，培养学生分析问题、解决问题的能力。另外，任课教师还需注重研究与改进教学方法和授课技巧，力求做到深刻、独到、广博、启发。最后，广泛参阅国内外有关教材，吃透教学内容，挖掘教材的精髓内涵，采用换位思考的方法，深入剖析教材中的难点和重点，寻找便于学生理解的最佳切入点和突破口，把抽象的专业知识转化为通达易懂的语言，争取更大限度地开启学生的智慧、发掘学生的创造性思维。

参考文献

［1］谢处方，饶克谨．电磁场与电磁波（第四版）［M］．北京：高等教育出版社，2006.

［2］梁昌洪，谢拥军，官伯然．简明微波［M］．北京：高等教育出版社，2006.

［3］张景贵．通信工程专业电磁场与微波技术系列课程教学改革探索［J］．教育教学论坛，2017，17（6）：72－75.

［4］郑庆庆，吴谨．电磁场与电磁波教学方法的探索与思考［J］．科技信息，2013（8）：4－5.

［5］初建杰，王聪．开放互通式多媒体教学环境的智慧干预［J］．现代教育技术，2016，26（9）：66－72.

［6］蒋铁珍，廖同庆．“微波技术与天线”教学：与工程应用相结合［J］．教育与教学研究，2014，28（6）：78－80.

［7］郭艳琼．活用“诱思探究”，构建高效数学课堂．数学教学通讯（下旬），2016（2）：40－41.

［8］康计良．Python 语言的可视化编程环境的设计与实现［D］．西安电子科技大学，2012.

［9］马会芳，闫映策．Matlab GUI 在电磁学可视化教学中的应用［J］．无线互联技，2017（14）：94－96.

［10］王铭萱．规范化的视觉设计管理［D］．吉林大学，2016.

华侨大学　信息科学与工程学院

“电力系统继电保护与自动装置”课程改革的思考

郭新华　邵鹏飞　王秋雪

摘　要：为了适应现代电力系统对人才的新需求和电气工程及其自动化专业的培养目标，针对“电力系统继电保护与自动装置”课程存在的问题，进行教学内容和教学方法的改革，提高学生学习积极性和主动性，培养学生的创新意识与实践能力。

关键词：电力系统；继电保护；教学改革

一、背景

为了确保电力系统安全可靠运行，继电保护需要具有四个基本的特性，包括选择性、可靠性、灵敏性和速动性。这些要求之间既相辅相成又相互制约，需要根据不同的使用场合分别进行协调。继电保护的主要任务就是保护装置准确区分设备运行状态，发生故障时准确快速地进行相应的动作，从而限制事故的影响和范围，最大限度地确保电力系统稳定安全运行。对于电气信息的采集和判断，以及执行断路器跳闸命令还需要相应的硬件设备和自动装置。通过本课程的学习，学生能够对电力系统继电保护有个初步认识，为今后从事相关行业的工作打下坚实的基础。虽然继电保护学科发展了很多年，但在教学中仍然存在一些问题[1,2]。例如，课本内容大而全，涉及内容广、范围大，理论部分比重大、深奥难懂，有很多陈旧的理论内容，无法与实际相联系。因此要针对教学内容进行调整。其次，在实验课的教学过程中，教师按照固定的实验指导书进行讲解，学生根据实验指导书上的示意图进行接线，然后观察实验现象，记录实验数据，上交实验报告。学生只是机械的重复，不利于培养学生的独立思考能力。本课程是电气工程本科专业的学科基础必修课程，其教学目的和任务是使学生掌握各种不同保护的适用场合和动作原理，掌握继电保护的常用分析方法，为后续的工程实践和理论研究打下必要的基础。

二、优化整合理论教学内容

教学内容无疑是教师在教学过程中的重中之重，良好的教学内容会提升教学的质量，有利于培养学生的创新能力，使学生成为学习的主体，因此，为了提升教学质量，就必须对教学内容进行深化改革。

1. 教材的选择

“电力系统继电保护与自动装置”课程是电气工程专业的核心课程之一，这是一门理论性很强的专业课程，也是一门与其他学科有着密切联系的学科，其与电机学、电力系统分析、电子技术、数字信号处理技术等新理论、新技术密切相关。因此，需要教师对教材进行全局梳理，使学生对完整的继电保护大系统有个全面的认识，也为后续课程的学习打下坚实的基础。教材对教学的重要性毋庸置疑。根据继电保护课程的特点，选择适合于学生的课程资源。通过调研国内外教材，结合教学经验，认为中国电力出版社贺家李、李永丽主编的《电力系统继电保护原理》总体来说质量较高，也是很多中国高校选用的教材。教材内容涉及：电网的相间电压电流保护、电网的距离保护、电力变压器的继电保护、自动重合闸的原理、母线保护的基本原理与保护方法等[3]。作为新时代的大学生，不能只从书本上获得知识。因此在本课程的实际教学中，建议学生了解与本专业相关的网站、论坛、核心期刊、国际会议等，丰富学习的形式，学生通过多种方式了解该学科前沿的发展和实际的应用场合。目前我校电气工程专业“电力系统继电保护原理与自动装置”课程在第五学期开设。由于培养方案调整与工程认证的需要，现总学时为 38 学时，其中理论教学 30 学时、实验教学 8 学时。相比以前，理论教学课时有所缩减，实验的学时也比以前少，需要合理安排教学内容与时间。同时需要根据电力系统分析、电机学等其他学科的发展，不断调整教学内容，使之适应时代的发展。

2. 抓住主线，整合教学内容

随着科技的进步，电气工程各门课程呈现出相互交叉与融合的趋势，为了适应电气工程本科教学提倡的“厚基础，宽口径”的人才培养模式，要优化、整合各相关专业课程，实现继电保护课程和其他课程的良好结合，建立完整的课程体系，从而提高教学质量，让学生对整个知识体系有个全面的认识。本课程与电气接线原理、数字信号处理、电力系统稳态分析等课程紧密相关。国内部分大学对专业课程采用单独教学的模式，不同课程独立开课，针对一些会出现学科交叉的课程，没有把不同学科之间的联系讲解清楚，学生对知识缺乏全面的认识。在教学过程中，不同学科的教师要加强相互交流，了解不同学科的最新发展动态，为学生讲解最前沿知识，提高学生的专业素养。近十五年内，继电保护在电力系统中取得了重要进展。如果只是照本宣科地讲授，就会使理论脱离实践。教师在课堂教学中要加入新理论、新技术，为学生后续课程的学习打下坚实的基础。

3. 强化实践教学

传统的实验内容以单个特性的验证性实验为主，实验内容主要是单一的验证性实验，实验内容和过程比较简单，学生只是机械性地重复操作，不利于培养学生的创造能力。本课程的实验环节主要有对电流、电压、时间、中间、阻抗继电器为基础的基本特性实验，使学生能够充分了解常规继电器特性。当学生掌握一定的基本知识后，鼓励学生自己设计实验，设定实验的内容和实验目的，让学生从单一性的重复实验操作解脱出来，培养学生动手能力和创新研究能力，以及独立思考问题的能力。现在很多发电厂、变电站采用微机保护装置实现继电保护功能，核心功能通过软件来实现，因而具有更高的动作精度[4]。因此，为了适应现代电力系统的需要，本课程的实验环节加入了微机保护实验，包括三段式电流保护实验、三段式电压保护实验和变压器保护实验，通过实验加深了学生对继电保护理论知识的理解。

三、教学方法改革

传统的教学课程中，教师通过黑板进行教学，书写板书和画图会浪费大量的时间，学生理解起来也很吃力；教师一直是课堂的主人，学生被动汲取教师为他们传授的知识，学生上课犯困，课堂氛围死气沉沉；课程教学以理论学习为主，学生对知识理解不够深刻，学习效果不好。针对上述问题，将多媒体教学和传统教学相结合，让教学内容更生动形象；采用以学生为主体的教学模式，让学生主动学习；利用案例辅助教学，让学生对断电保护的实际应用有更深刻的认识。

1. 多媒体教学

随着计算机技术的飞速发展，多媒体教学走进了高校的课堂，其主要优势在于能够把一些复杂且难以理解的内容，通过动画形式呈现给学生，把复杂的原理简单化，使学生产生浓厚的学习兴趣，达到良好的教学效果。比如在讲解母线的故障与保护方法时，虽然教师详细讲解分析，学生还是没有理解保护如何动作。通过利用多媒体中的动画效果，学生能够很好地理解继电保护装置在发生故障时的动作情况，从而使学生对母线保护的原理有深刻的认识[5,6]。同时，多媒体教学也节省了教师的备课时间，增加教育资源的共享性。多媒体教学信息量较大，教师要注意停顿，也应该正确处理其和传统教学之间的关系。

2. 学生为主体的教学模式

在传统的课堂中，教师一直占据主导地位，教师说了本该学生思考的问题，教师做了本该学生去做的任务。因此，确立学生的主体地位是当前教学改革的基本理念。高校教师作为最前沿知识的传播者，应当秉承新的教学理念，坚持学生的主体地位。同时，注重师生之间的沟通与交流，重视捕捉和把握学生对教学过程的问题与困惑。例如，在课前要求学生预习书本上的知识，找到自己不理解的问题，课堂上大家相互交流。一个学生提出问题，由其他同学进行解答，教师予以补充，课堂教学氛围就会很好，学生的兴趣被充分调动起来，整个教学过程变得富有生机与活力，进而提高了课堂的教学质量[7]。

3. 案例辅助教学

本课程是一门实践性很强的课程，需要学生对继电保护的实际故障有清晰认识，因此各高校要充分利用可以利用的资源，加深学生对实际工程的认识。通过联系在相关岗位从事继电保护工作的本校毕业生，让他们录制视频为学生讲解实际工程，丰富充实课程内容，使学生对静态的继电保护理论有个动态的、清晰的认识。同时，组织学生到电厂进行参观学习，通过技术人员的讲解，让学生的学习更直观、透彻，加深了学生对理论知识的理解。

四、结束语

“电力系统继电保护与自动装置”课程是电气工程专业的重要基础课程。该课程全面阐述了继电保护的基本原理，其理论性较强，且广泛应用于实际工程中。为了配合电气工程专业各个学科的教学改革，针对传统的继电保护教学上存在的一些问题，对其教学内容与教学方法上的改革势在必行。通过课程改革，激发学生的学习积极性，培养学生的创新能力和工程实践能力，提高学生分析问题和解决问题的能力。

参考文献

[1] 何瑞文，陈少华. 关于现代电力系统的继电保护课程教学改革与建设 [J]. 电气电子教学学报，2004，26 (3)：20－21.

[2] 程海军，陈晓英，孙丽颖. 电力系统继电保护课程教学改革探索 [J]. 中国电力教育，2014 (32)：81－82.

[3] 贺家李，李永丽，董新洲. 电力系统继电保护原理（第四版）[M]. 北京：中国电力出版社，2010.

[4] 李秋，张琰，魏晓艳.《继电保护及微机保护》课程建设探讨

[J]．科技资讯，2016（30）：105－106.

［5］吴昊，田有文，史俊婷．Flash 动画在电力系统继电保护教学中的应用［J］．中国现代教育装备，2015（3）：85－87.

［6］梁振锋，康小宁，杨军晟．《电力系统继电保护原理》课程教学改革研究［J］．电力系统及其自动化学报，2007，19（4）：125－128.

［7］张菊红．如何做一名好老师［J］．学周刊，2017（2）：11－12.

华侨大学　信息科学与工程学院

“常微分方程”课程教学改革的思考与探索

——传统教学的坚持与情感态度价值观的培养

傅仰耿

摘　要：“常微分方程”是数学专业的一门重要基础课程，而该课程传统的教学过于强调基础知识与基本能力，忽视了学生数学情感态度价值观的培养。探索课程与课堂的设计与安排，在坚持传统教学的基础上，渗透情感态度价值观教学，以期提高学生综合的数学素养。

关键词：常微分方程；传统教学；情感态度价值观

一、引言

“常微分方程”是数学专业必修的一门核心课程，一般开设在大二上学期，有着承上启下的重要衔接作用。既是大一基础课程“数学分析”和“高等代数”理论的应用和发展，也是后续学好“偏微分方程”“微分几何”“泛函分析”等课程的基础和前提。“常微分方程”来源于实际生活，是人们认识自然的有力工具，是数学理论在现实生活应用的一面镜子。然而该课程传统的教学过于注重基础知识的教学与基本能力的培养，忽视了教学作为心理活动方面的需求，忽视了培养学生的数学情感态度价值观。当然，基础再怎么强调都不过分，然而对于一个以后很可能以数学为工作对象的学生来说，数学情感态度价值方面的需求也很重要。因此怎样在坚持传统教学的基础上，提高学生综合的数学素养，这就需要思考和分析该课程教学所存在的问题。

二、传统教学的现状及存在的问题

1. 落实教学目的的问题

“常微分方程”的教学大纲明确规定了其教学目的：要求学生熟练掌握各类微分方程的基本解法，理解和掌握常微分方程的基本理论（存在唯一性定理、延展定理、解对初值和参数的连续依赖性及可微性），了解常微分方程的稳定性与定性理论初步。在落实教学目的的实践教学中，经常产生这样的误区：解方程最重要，基本理论也重要，稳定性与定性理论只需了解。这样的误区容易演变成教学就是在解方程、证明基本理论，整堂课都是符号计算与逻辑推理。首先，过多的计算推理会使课堂单调枯燥，学生容易产生疲劳，继而逐渐失去对这门课的兴趣与活力。其次，学生容易知其然不知其所以然。懂得解方程，却不知道解法是怎么来的，是哪位数学家在处理什么问题时自然产生的想法，不利于培养学生良好的数学情感以及正确的态度价值观。

2. 教材的问题

国内《常微分方程》教材常用的主要有三个版本：北京大学版《常微分教程》、中山大学版《常微分方程》、东北师范大学版《常微分方程》。

而无论哪一个版本，都过于强调基础知识与基本能力，忽视了常微分方程发展的历史画面感，忽视了其理论一步一步产生的思维过程。以华侨大学采用的东北师大版教材为例，整本书都是定义、定理、例题证明，几乎没有一点历史故事与注记。这样纯理性思考的常微分方程，给学生的感觉是冰冷的，就像天上飘下来的雪花。想起《古今数学思想》序言里的一句话，“对于那些想正确认识现在之所以为现在的人们来说，过去发生的每一件事情都不是无关紧要的”。如果希望学生有一个正确的数学态度，对数学有兴趣甚至喜欢数学，那么必须在课堂上适时择时地穿插常微分方程历史和相关趣事的介绍，合理地安排课程与课堂内容。

3. 教学方法的问题

传统的“常微分方程”教学，大多还是采用单一的粉笔黑板教学。即教师在讲台上板书讲解，学生在台下听和做笔记的教学模式。对于理论性较强部分的教学，逻辑推理过程的板书分析还是必需的，有利于学生理解接受，但也产生了其他一些问题。首先，常微分方程的基本理论有些定理很长，一个定理半面黑板，大量板书浪费时间，也不利于学生集中注意力。其次，容易滋生“满堂灌”的教学惯性，削弱学生学习的积极性，不利于培养学生独立思考和分析的能力。最后，教学模式过于单一的课堂，枯燥单调，容易造成学生的疲劳与分心。因此采用多样化的教学模式，丰富课堂教学色彩，显得尤为重要。

4. 忽视了应用性强的特点

常微分方程起源于现实生活，是数学专业里与实际生活联系最紧密的课程之一，具有很强的应用性。现实生活随处可见微分方程的影子。例如一杯开水的冷却过程、挂在脖子上项链的形状、汽车前大灯的旋转抛物面等等，这些都是常微分方程对现实生活的解释和应用。传统教学过于强调基础知识基本能力，而忽视了常微分方程应用性强的特点。传统课堂在解方程与理论证明之间自顾不暇，缺少对身边活生生的常微分方程例子的介绍，缺少引导学生思考和探索常微分方程在生活中的应用。很多学生在学完课程后，竟然举不出现实生活中一两个常微分方程的例子来，不少还是考试成绩优秀的学生。此外，忽视常微分方程的应用性，不利于培养学生对微分方程的整体印象，不利于培养学生对微分方程的兴趣。都说兴趣是最好的老师，没有兴趣终将学不好数学。

三、“常微分方程”教学改革方法探索

针对“常微分方程”传统教学存在的问题，提出以下几个改革的措施。

1. 课堂适时择时增加历史与趣事

“常微分方程”课程教学一般是两小节 100 分钟连上，讲解书本一小节的内容。可以根据教学内容，适时择时穿插 5 ~ 10 分钟的相关历史与趣事。例如，东北师大版第四章第二节“n 阶常系数线性齐次方程解法”的教学，可以先回顾一下它的历史。1734 年 12 月，Daniel Bernoulli 考虑一端固定而另一端自由的弹性横梁的横向位移问题，得到一个四阶微分方程 $k^4\frac{d^4y}{dx^4}=y$，其中 k 是常数，x 是横梁上距自由端的距离，y 是 x 点相对于横梁为弯曲位置的垂直距离。他写信告诉了 Euler。1735 年 6 月，Euler 的回信中说，这个方程除了级数法外无法积分，他得到四个解，这四个解代表圆函数跟指数函数，但当时他并没有意识到。1739 年 9 月，Euler 在给 Johann Bernoulli 的信中指出，上述方程的解可以表示成 $y = a\left[\left(\cos\frac{x}{k} + \cosh\frac{x}{k}\right) - \frac{1}{b}\left(\sin\frac{x}{k} - \sinh\frac{x}{k}\right)\right]$。在这封信中，Euler 首次提到常系数齐次常微分方程，并说他已取得成功。1743 ~ 1750 年，Euler 考虑了 n 阶常系数线性齐次方程 $y^{(n)} + a_1 y^{(n-1)} + \cdots + a_{n-1}y' + a_n y = 0$，第一次给出特解通解的概念，创立特征方程法，讨论特征根单根重根的情形，完整地解决了求解问题。整理这段历史，在课堂上安排 10 分钟介绍。这样教学的优点是显而易见的：赋予课堂一定的人文历史价值，使学生清楚地知道问题最初的由来，了解数学家是怎样一步一步由求解简单的方程到一般的方程，其间历时十几年。这有助于培养学生对微分方程的整体感觉，对数学工作正确的态度，以及对数学成果正确的价值观念。

2. 采用多样化的教学模式与方法

首先，坚持传统教学，在板书讲解中尽量加强跟学生的沟通交流，以提问和少量练习的方式互动，提高学生学习的积极性，避免一言堂满堂灌的教学方式。其次，根据教学内容，选择性地采用多媒体相结合的教学模式。例如在第二章第一节“常微分方程的几何解释”的教学中，可以结合多媒体教学，利用 Maple 画出常微分方程的线素场，投影在屏幕上，让学生感受微分方程的约束性行为所产生的流（方程的解）。利用 Maple 编写小程序，画出欧拉折线，在屏幕上观察近似解与实际解的逼近程度，看出欧拉折线的极限就是方程的解，继而用幻灯片的形式简单介绍利用欧拉折线如何证明 Peano 定理。其间穿插欧拉折线历史的图文介绍，整节课内容丰富而又生动活泼。

3. 增加方程建模的专题教学

数学系“常微分方程”课程安排是 18 周，每周 4 学时。可以在不影响教学内容情况下，安排2~4课时的方程建模专题教学。数学建模就是根据实际问题建立数学模型，利用数学与计算机分析求解模型，最后利用所得结果解决实际问题。常微分方程是数学建模的一个重要方向，主要观察实际问题中的未知量是否改变。设立未知函数建立微分方程，确定初始条件，然后求解方程，利用所得方程的解来解释实际问题。例如，引导学生利用牛顿冷却定律，思考一杯开水放在教室里冷却的过程，观察多少分钟降到60度，思考要降到40度还需要多少时间。一个小组两三个学生，团结协作一起解决问题。这样的专题教学有很多优点。首先有利于学生接触和思考微分方程在现实生活中的应用，培养对微分方程良好的印象。其次，有利于学生加强对基础知识重要性的理解，知道解方程在实际问题中是很有用的。最后，有利于培养学生合作的精神，活跃课堂气氛。

四、总结

教学是教师的本职工作，教师有责任有义务把课程教学做得更好。作为一个数学专业课程的教师，除了坚持学生必须掌握基础知识和基本能力外，还必须激发学生的学习兴趣，培养学生良好的数学情感、正确的数学态度和价值观。因此，既必须一如既往坚持传统教学，更应当想方设法丰富课堂教学，费尽心机让学生喜欢上数学。通过探索“常微分方程”教学改革，期望在提升教学质量的同时，培养和提高学生综合的数学素养。

参考文献

[1] 克莱因．古今数学思想［M］．上海：上海科技出版社，1979.

[2] 东北师范大学微分方程教研室．常微分方程［M］．北京：高等

教育出版社，2005.

［3］丁同仁．常微分方程［M］．北京：高等教育出版社，2013.

［4］王高雄．常微分方程［M］．北京：高等教育出版社，2006.

［5］姜启源．数学模型［M］．北京：高等教育出版社，1993.

华侨大学　数学科学学院

“雨课堂”混合模式下数学建模教学研究

康志林　高真圣

摘　要：近年来，基于“雨课堂”混合式教学正逐步成为许多高等学校教学改革的新模式。在校通识教育本科课程《数学建模》基础上，探索和构建一种基于网络教学工具——“雨课堂”的混合教学模式。将在线教学与课堂教学相结合，可以很好地调动课堂气氛，提高学生的课堂参与度，极大地促进师生互动，进而提升教学效果，为促进课堂教学改革提供借鉴。

关键词：数学建模；雨课堂；教学模式

随着电子计算机的出现及飞速发展，数学以空前的广度和深度向一切领域渗透，并迅速进入一些诸如经济、金融、生态、人口、交通、语言认知等领域，源源不断地为数学建模开拓了许多新的处女地。数学建模作为用数学方法解决实际问题的第一步，越来越受到人们的重视。概括地说，数学建模就是利用数学模型来解决各种实际问题的方法，也就是通过对实际问题的抽象、简化，确定变量和参数，应用“某些”规律建立起变量、参数间确定的数学问题（或数学模型），并求解、解释、验证，从而确定能否用于解决实际问题的多次循环、不断深化的过程[1]。可以说，数学建模与计算机技术在知识经济浪潮中起着如虎添翼的作用。

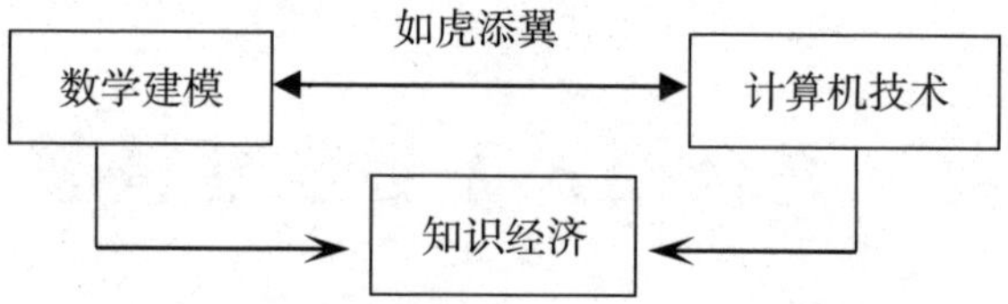

图 1　数学建模、计算机技术、知识经济

一、当前数学建模课程教学的现状及问题

从长远来说，数学教育应该着重培养学生的两种能力：一是“算数学”（计算、推导、证明……）；二是“用数学”（实际问题建模及模型结果的分析、检验、应用）。然而，传统数学内容和教育体系往往偏重前者，轻视甚至忽略后者。而“用数学”，即对实际问题进行建模。由于其内容涉及的领域较广，需要学生具备扎实的理论基础知识和较强的综合能力，很多学生常常望而生畏。从数学建模目前的教学现状来看，课堂上师生互动相对比较缺乏，学生抬头率、点头率一般，课程考核方式（平时成绩 + 课程论文）守旧，积极性欠缺，学生的主观能动性容易被忽略，且课堂管理效率相对较为低下。所有这些问题都是当前数学建模教学工作中存在的共性问题。此外，在数学建模通识课程上，大多为大班授课，选课学生人数基本在 60 ~ 100 人之间，学生与教师的互动一般都只停留在自问自答或学生集体回答。近年来，越来越多的一线数学建模教师也发现，随着智能手机的普及和泛滥，手机也已经成为严重影响学生听课及听课质量的一大障碍。

面对当前数学建模课程教学的这种现状，促使我们不得不去思考这样一个问题，即如何把学生的手机利用起来，借助多种方式调动学生对数学建模学习的主观能动性，进而使学生能够投入到课堂学习中去。清华大学开放的“雨课堂”平台为我们提供了较为完美的解决方案。

二、数学建模教学内容与教学方法改革

从教学内容来看，数学建模内容的选取是提高学生参与度的重要环节。教学内容是教学目的最直接的反应，对提高教学质量起着决定性的作用。在教材选择上，目前数学建模的教材较为多样，每本教材都有自己的特色[2]，比如司守奎的《数学建模算法与应用》比较侧重于数学模型的求解，而姜启源的《数学模型》侧重数学模型的建立，韩中庚的《数学建模方法及其应用》则侧重方法的应用。根据作者的经验，这三本教材刚好可以相互取长补短，在备课环节可以为任课教师提供较好的补充。此外，了解过数学建模的老师、同学都很清楚，这门课程有别于其他学科，除了需要一些基础理论知识做铺垫外，更强调如何利用这些数学理论或方法解决实际问题。因此，从整体上说，数学建模本身就是一个复杂的系统工程。一线教师在准备数学建模课程的教学内容时，第一堂课特别需要通过一些简单的案例（如航行问题、包饺子问题等）让学生先从整体上对数学建模的过程有个把握和理解，从宏观层面让学生知道数学建模到底想做什么、可以做什么，为什么做，从心理上先消除学生对这门课程的恐惧。由于现实问题的复杂性和多样性，利用数学建模方法解决现实问题并没有固定的范式，但其建模步骤（思维过程）有章可循，可概括如下（见下图）：

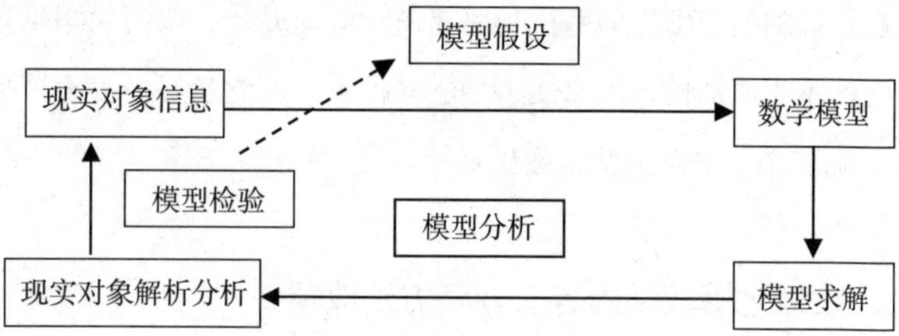

图 2　数学建模思维过程

从教学方法来说，需改变单一的课程教学方式，优化课程教学手段。第一，可以依据数学建模中常用的一些方法，有选择地按模块进行分类教学，如数据处理方法、线性规划与非线性规划、动态规划、图与网络分析、微分方程、概率统计、方差和聚类分析、综合评价法、预测方法，并结合一些典型案例进行现场讨论、分析，并最终求解（Matlab/Mathematical/Lingo/SAS/SPSS 软件求解）[3]。通过分门别类教学，可以提升学生学习的兴趣。第二，可以采用“翻转课堂”形式进行教学，课程部分内容师生之间可以交换角色，由学生来主导讲解，特别是期末课程论文、一些算法的实现及求解。简言之，可以把更多的主动权交给学生。第三，可以充分利用“雨课堂”作为辅助教学手段。在现代信息社会下，作为一名高等学校教师，特别是数学建模的教师，应该要充分意识到将信息网络技术融入到平常的课程教学中的重要性，“雨课堂”平台极大地弥补了我们传统教学中的不足[4]。将“雨课堂”作为辅助教学手段，其目的在于沟通师生，同时管理着课前—课中—课后的每一个环节[5]，改变了学生原有的学习习惯，调动了他们学习的积极性，并最终有效促进数学建模教学实践的改革。

三、“雨课堂”混合模式下数学建模教学实践

2017—2018 学年秋季学期，与学院的其他两位老师共同尝试开设了全

校性的通识教育“数学建模”选修课。笔者作为参与人之一，负责其中一个子模块的教学（运筹优化模块）。该课程授课对象是全校大一至大三（特别是华侨大学泉州校区）的文科生。由于选课的学生来自不同的学院，其知识背景存在差异，数学基础水平参差不齐，因此，在教学之初，首先对班级成员进行分组（比如三个人一组）。其好处是在班级中形成数十个小团体，便于任课教师对课堂的管控，且能够保证小组内的成员及时沟通、积极参与组内讨论，也有助于学生相互交流及协作能力的培养。

与以往的教学辅助工具不同，“雨课堂”充分利用了师生使用率极高的手机微信，以微信服务号的形式整合课前推送（包含视频、录音）、实时答题、多屏互动、答疑弹幕及学生数据分析等功能。具体地说，我们可以将 MOOC 视频、习题、课前预习课件推送到学生手机。教师可以根据教学情况向学生随时发布测试题，学生可以在线向教师反馈学习中遇到的问题，师生可以及时在线沟通和反馈。在课堂上可以实时答题、弹幕互动，课堂考勤、测试、回答问题，既公平公正，又快捷高效。

课程开始后会自动生成本堂课程的二维码（课堂暗号），学生通过微信扫描投影屏幕上的二维码加入任课教师的微信课堂。每堂课的 PPT 都可以事先发送到学生手机端，以便于学生保存课件及回顾复习课程。另外，学生在手机端可以实时接收 PPT 和测试题，每页课件下方还有“收藏”和“不懂”按钮，学生可以整理收集不懂的知识点，教师也会收到匿名“不懂”数据的反馈，进而调整课程节奏并重点讲解。此外，教师如果把弹幕功能打开，还可以看到学生的提问、观点，甚至吐槽。由此，任课教师可及时了解学生的学习状态，及时并适当调整教学进度。作为一名教师，想必大家都有这样的经历，当看到后排的同学低下头玩手机，我们会忍不住去提醒，但是提醒次数一多就容易打乱上课节奏，影响其他认真上课的学生，不提醒又会觉得心里难受。可以说，“雨课堂”帮我们解决了部分问题。在课堂上，适当地推出测试题会起到意想不到的积极效果。比如可以设计这样的场面："请大家看手机 PPT 上的思考题，各小组用 10 分钟讨论：一公斤的面包汤圆怎么包可以包更多的馅？A. 包个头大一点　B. 包个头小一点。"话音刚落，学生的手机上就出现了对应的思考题。"我觉得应该选 A""不对，我觉得……"我们完全可以边听着课堂中学生们讨论的声音，边将实时的课堂做题情况传送到投影上。"60 秒内，答题成功的有 50 位同学，正确的有 33 位！"此时，学生探索问题的积极性已经完全被调动起来。教师针对题意稍作解释，并对该问题如何建模进行分析，逐步深入，最后再针对答题情况及时点评。在数学建模课件设计过程中，可在如下相应位置穿插设计雨课堂提问、答题环节，见图 3。

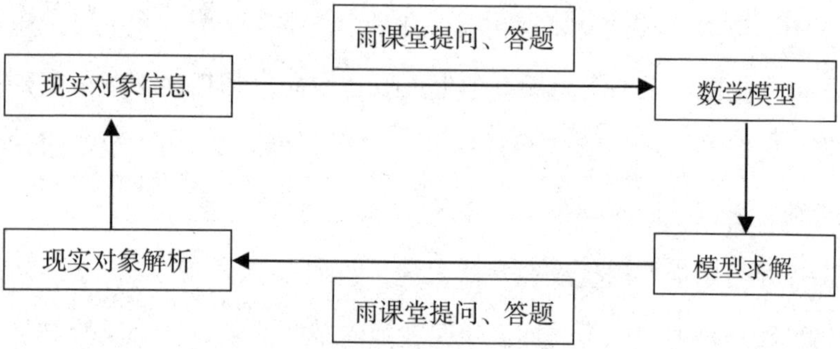

图 3　数学建模雨课堂提问、答题设计

另外，为了全面反映学生的建模能力，需要完善现有的数学建模考核方式。在华侨大学目前的数学建模考核体系中，课程论文占比 70%，平时成绩占比 30%。其中平时成绩的评定主要还是以单一的纪律、考勤为主。课程考核形式较为守旧。针对这种情况，提出几点改革措施：一是考核方式"多元化"。将学生在"雨课堂"的答题成绩和预习报告纳入占比，采用"线上"和"线下"结合的方式[2]。答题成绩可在期末结束后直接由雨课堂网页版批量导出。二是以"赛"促"教"，鼓励学生参加一年一次的全国大学生数学建模竞赛。在竞赛活动中取得好成绩的学生可以在期末成绩中附加一定的分数，并可以参赛论文作为课程论文提交。

总之，利用“雨课堂”模式进入数学建模课堂常规教学中，主要有以下几个优势：（1）通过手机端直接推送微视频，需要提前阅读的材料，学生可以各取所需，有选择地进行查看。（2）可通过 PPT 或手机遥控器进行随机点名。由系统筛选名单，公平且高效，还能活跃课堂气氛。（3）课堂上可以及时检测学生对知识点的掌握情况，通过数据可以实时查看最真实的教学情况，包括：习题作答数据，弹幕和投稿详情等。（4）发布随堂习题后，还可在雨课堂微信端发一定数额的红包给答题又快又好的学生，以示奖励。结束授课后，教师还可以收到名为“课后小结”的课堂报告。

数学建模不仅是一门技术，而且是一门艺术。作为任课教师，我们自始至终都要结合所任课程的难度和学生的实际情况，因地制宜、因材施教。同时，不能一味地做一个演员，偶尔进行角色互换，当一回观众，给学生适当“放权”，让学生自我展示。通过学生的演示，可以了解学生学习的状况，让他们形成一种紧迫感和压力感，从另一角度促进学生的主观能动性。

四、结束语

大学课堂是大学教师的舞台。要在课堂上吸引学生，让课堂更加有趣，身为大学教师就要做好导演、编剧和演员的三重角色，即需要用心备好每一堂课，设计好课堂，为吸引学生尽量做到“唱作俱佳”。基于“雨课堂”的数学建模教学模式能够使学生带着问题去思考，有利于培养学生分析问题和解决问题的能力。当然，考虑到现有学生自主学习能力不强，自我约束力一般的特点，且数学建模的内容体系较为多样，在数学建模课堂上教师仍然还是要以传统教学模式为主，以“雨课堂”为辅，科学引导学生，以“雨课堂”为工具促进数学建模的教学改革，进而改善学习效果，最终激发学生探究学习的欲望。

参考文献

［1］叶其孝．数学建模教学活动与大学生教育改革［J］．数学的实践与认识，1997，27（1）：92－96.

［2］谭伟，戴厚平．大数据时代下数学建模课程教学改革的优化［J］．曲阜师范学院学报，2018，37（3）：49－52.

［3］黄丽琼，王园园．基于微课和雨课堂的线性代数课程改革初探［J］．高教学刊，2018（22）：127－128.

［4］李刚，郭晓丽，黄守佳，辛向军．完善数学建模课程体系，提高学生自主创新能力［J］．数学建模及其应用，2013，2（1）：48－52.

［5］徐盛夏．教学方式与时俱进：“雨课堂”教学［J］．教育现代化，2016，（35）：191－192.

华侨大学　数学科学学院

高校 EMI 教学的影响因素和推动策略①

陈恒汉　凌冬梅

摘　要：全英文教学（EMI）是全球化背景下发展起来的以英语为教学媒介语的教学方法。对国内外关于 EMI 教学法在高校课堂中的应用进行一个较为系统的观察，分析高校课堂 EMI 教学的应用情况及教学效果，指出已有研究的可取与欠缺之处，可以推动 EMI 教学法在高校课堂中的进一步推广，也可为相关后续研究提供参考。

关键词：高校课堂；EMI 教学法；应用策略

一、引言

英语是世界上使用范围最广的语言，随着全球化进程的加快，各个国家和地区对英语的学习和推广也在不断加快，使得全英文教学法在一些非英语母语的国家中应运而生。进入 21 世纪，国内外开始出现较多关于 EMI

① 基金项目：福建省本科高校教育教学改革研究课题“通识教育全英文选修课的体系建构研究”（项目编号：FBJG20180023）。

(English Medium Instruction 或 English as a Medium of Instruction) 作为一种教学方法在高校课堂中应用的研究。

EMI 在不同地区不同国家得以推广，主要是为了适应全球化发展的趋势，培养英语沟通能力良好且具有全球视野和国际竞争力的人才。高校也因此得以吸引招收更多的外国留学生，提高学校的国际化水平，增强其在全球范围内的竞争力。不少学者的实证研究表明，在高校中实行 EMI 教学，不仅有助于提高学生的语言能力（包括听力、口语等能力及词汇量），教师本身也可以从中受益。因此，以英语为媒介语进行教学活动，发展前景十分广阔。

EMI 教学法的研究领域涉及面广，国外学者相关研究大致集中在 EMI 的教学效果、影响因素等，国内成果目前较为丰富的方面包括实施 EMI 教学时师生应该具备的素质，以及 EMI 课程对师生能力的影响等。本文通过研读相关的国内外文献，旨在对高校课堂 EMI 教学的影响因素和应用策略进行较为系统的总结，以期为后续的研究提供一定的参考。

二、高校开展 EMI 教学的影响因素

由于 EMI 课堂首先在教学语言上区别于传统的母语课堂或者双语课堂，因此，教师和学生对 EMI 课堂期待也不同于传统课堂。相关研究表明，有一半左右的教师和学生认为，EMI 课堂会对自身能力的提高有所帮助，其余的教师和学生要么中立要么否定。多数学生认为，EMI 教学法在学生毕业后依旧会对他们的学术及职业成就产生影响[1]。在韩国，有学者进行过调查发现，不少学生，尤其是女生希望教师能采用区别于传统课堂形式的方法和媒介，而男生则比女生更偏向活跃课堂形式，如课堂展示(presentation) 小组讨论 (group works) 等 (YuKyongAe, 2009)。在高校

开展 EMI 教学，主要取决于下面的几个影响因素。

（一）班级人数

班级人数对教学效果的影响是显而易见，这一点与传统课堂没什么两样。当课堂人数较少时，教师能够尽可能地兼顾每一位学生的情况，但当班级人数较多时，尤其是在一些需要大量互动的研讨式课堂，与学生交流所需时间就会增多，导致教师无法兼顾每一位学生的感受。另外，大的课堂上教师无暇顾及出席人数，所以“会倾向于让学生自主选择是否出席”（Chang Yung – Ting，2017），这就对整体的课堂效果造成严重的影响。

（二）教师的双语能力

目前国内的 EMI 教师类型多样，有海外留学经历的双语教师，或是为了推广 EMI 教学法而外派学习的专业教师等，但大部分专业的 EMI 教师并非英语专业科班出身（李颖，2015）。这就造成了这样一种现象，教师的英语能力和专业授课能力不能同时达到应有水平，使得有些教师在授课时会为了保证和学生的互动而降低课程的难度，或者为了坚持授课内容专业性而不得不减少和学生的互动，但无论如何，这两种情况都会降低整体的课堂效果，成为影响课堂评价的重要因素。当前，推行 EMI 教学的许多高校没能对教师的付出给予适当的认可和鼓励，这就使得教师的工作积极性下降，不利于 EMI 课堂取得理想成果（陈洁，于雨田，2018，李茜，2014）。此外，在教师英语授课能力有所欠缺的情况下，教师备课的压力及工作量也会更大。

（三）学生的英语能力

在这一方面，相当多的研究表明，当学生英语能力不足以支撑 EMI 课程难度时，学生的学习积极性会受到明显影响（陈嘉欣，齐明，梁亦诚，沙峰，2018；陈文，2017；钱明智，2016）。也有学者做过更有针对性的实证研究，尽管也有结果表明学生的词汇量多少对学生课程分数的高低没有决定性的影响（Uchihara Takumi，Harada tetsuo，2018），但学生英语水平仍是 EMI 课堂取得成效的起点和先决条件。正因为如此，国内引入 EMI 教学法的高校大多是教学势力雄厚的学校，而且也只在基础课程或核心课程中进行，面向英语能力和接受度较高的学生开展。

（四）教材的选用

好的教材有助于教师备课、授课，有助于学生预习、学习及复习，更是串联课堂活动的主线和灵魂。当前，国内高校 EMI 课堂的教材主要包括英文原版教材、母语教材的翻译版以及自编教材等。由于英文原版教材成本高，术语使用及画图规范等不尽相同，用的并不多，大部分还是国内出版的英文教材及自编教材。另外，还有网络版本、影印材料等，使用者居多。总体看来，目前国内全英文课堂的教材质量并不理想，大大影响了 EMI 课堂的效果（李颖，2017：59 – 67）。

三、EMI 教学法应用的推动策略

任何一种教学方法的成效都必须在课堂上检验，才能发现其存在的问题，而后在课堂上得到改进提升并最终回到课堂的实践中去。要推动 EMI 教学法的推广，就必须找出其存在问题的解决方法，才能形成相应的应对策略。这些策略主要涉及提升学生能力、EMI 师资培训、开展团队合作、丰富教学手段等。

（一）学生能力的提升

学生的英语能力和接受度是教学效果的主要影响因素之一，接受 EMI 授课的学生必须具备良好的学术能力和专业英语能力。当学生自身的听力和口语较差时，他们会觉得通过学习 EMI 课程来提高专业课水平是比较困难的。因为听不懂，学习就无从谈起。另外，学生还应该具备学术写作能力，懂得利用基本的和比较高级的资源进行研究，才能最大程度地发挥全英文授课的效用。有鉴于此，有的学者提出“三阶段式”教学模式的方案，即把学习过程分为强化外语学习阶段、语言与专业衔接阶段，以及巩固外语水平提升专业能力阶段（陈嘉欣，齐明，梁亦诚，沙峰，2018），从而为具体的课程提供具体的语言支持，循序渐进地从语言学习过渡到专业学习。同时，教师必须与学生进行有效沟通和探讨，帮助学生克服参与 EMI 课程的心理障碍。

（二）EMI 教师的发展与培训

在提高高校学生接受 EMI 课程的能力的同时，还应该提高教师的授课能力，只有参与 EMI 课程的两大主体都相应地提高了自己的能力，EMI 教学法在高等教育中的应用才能取得成功。作为一名优秀的 EMI 教师，除了应该具备作为教师的基本能力，还要有作为 EMI 教师的特殊能力，以及课程建设的能力。应该说，高校的双语教学目前有一定的规模，其中不乏优秀的双语教师，但是这还不能满足广泛推广 EMI 教学法的需求。很多双语教师并无法均衡发展，要么是专业授课能力良好，要么是英语能力良好。当需要以英语为媒介语进行专业教学时，就难以取得理想的课堂效果。

因此，对 EMI 教师进行系统而优质的培训势在必行。目前比较流行的做法是组织教师到海外培训。比如牛津大学就有专门的 EMI 研究中心，当然也有不少高校聘请国外的 EMI 专家到本校组织培训。问题在于大部分高校 EMI 教师培训周期比较短，若想取得较好的效果，还需要开展更有针对性的全英文项目，进一步完善 EMI 教师培训体系。全英文的 EMI 教师培训“一方面让教师认识到自身能力的不足，另一方面他们亦有所收获，提高了教师进行全英文授课的信心，让他们重新审视自己作为全英文教师的角色并开始去注意学生的想法”（Park Chongwon，2018）。从参加过培训的教师反馈来看，正面影响是主要的。

（三）团队合作的开展

团队教学在传统的课堂中不是新鲜事，它同样可以应用在高校 EMI 课堂的课程建构中。例如，“双师合作制”就是专业教师和语言教师进行合作教学，既可以让语言教师帮助专业教师解决专业术语上的问题，在持续的合作中增强其英语授课能力，又能让专业教师向英语教师传达教学目标、学习任务和课堂要求等，但目前这种合作制并不完善，也没有形成体系，未能在大范围内推广实行。当然，开展团队教学也需要有针对性，应该根据不同的课堂类型安排具体的合作方案，从而做到分工协作，优势互补，使 EMI 课堂更加优质高效。

（四）教学手段的丰富和完善

这一策略主要针对班级规模较大的课堂，丰富教学手段可以充分发挥 EMI 的效果。很多学生习惯了被动式学习的传统课堂，导致高校的 EMI 课堂有时很难采用合作学习的课堂形式。在科学技术快速发展的今天，借助现代网络技术的普及就可以在一定程度上弥补这一短板。例如，手机 APP 就不失为一种激发学生积极性的方式。“在移动设备的帮助下，新的教学方法能做到以学生为中心，区别于传统的以教师为中心的教学方法。能让学生通过共同学习、主动学习以及互动学习来解决问题、讨论观点、回答问题、分享观点、增加知识储备”（Chang Yung－Ting，2017）。另外，这也使得一些由于不够自信而不愿课堂上发言的学生通过教学 APP 积极地参与到课堂的讨论中去。对他们而言，这种方式是有益的补充。

当然，凡事都有两面性，新方法新手段也有其不足之处，例如，有的缺乏灵活性，需要特定的环境支持；有的成本投入较高，制约了其推广；有的新媒体设置比较简单机械，无法支撑学生高级思维能力的训练等。有鉴于此，有的学者进行了进一步的改进研究，以期提高其实用性，让新方法新手段发挥更大的作用。

四、基于 EMI 教学效果的课程建设

完整的课程体系是促成一种教学方法取得长足发展的必要条件。由于当前国内的 EMI 教学法多以核心课程及优势课程为主，缺乏系统和科学性，这就让学生的学习积极性难以为继。高校在采用 EMI 教学法时，出发点在于提高学校的国际化水平，提高学校及学生的竞争力。因此，EMI 课程体系的建构，应该考虑以下几个基本方面：

（一）考虑该课程是否适合进行全英文教学

有些课程基于其自身的特点，母语授课要比全英文授课更易于取得好的效果，而全英文授课会严重影响教师授课内容的广度和深度，导致学生学习不够深入，这就不适合采用 EMI 教学法。“EMI 课程设计应该根据课程性质，譬如，实验课应该以中文为主”（陈嘉欣，齐明，梁亦诚，沙峰，2018）。实施 EMI 教学时，可以先从学科基础课开始，在学生积极性较高的课程中率先实行，而后逐步推广，形成体系。

（二）搭建 EMI 课程体系

如果在课程设置方面，只开展一两门 EMI 课程，并不能显著提高学生的能力。需要构建科学、系统的 EMI 课程体系，通过长期努力提高学生的竞争力，可以考虑“先修课程和后续课程的前后承接，搭建有利于 EMI 课程发展的环境和平台并形成完整的 EMI 课程体系”（牟鹏，2017）。例如，清华大学设立了本科生全英文课程项目，北京大学也设立了相互衔接的全英文本科生及研究生课程，均取得了不错的成效。

（三）完善评估手段

教学效果评价体系是当前教育体制中不可或缺的一环。全面、客观且系统的教学效果评价，在推动高校乃至高等教育的发展中有着举足轻重的作用。在 EMI 教学法逐步发展的过程中，评价体系的构建更是至关重要。要遵循教育教学的基本规律，充分考虑 EMI 课堂教学的特性，整个评价体系应该包括教学管理、师资队伍建设、教学过程及教学效果监控等多个方面，以使评价结果能够指导 EMI 教学法的进一步发展。

（四）改进评教体系

学生是教师授课能力及课堂效果最直接的感受者，他们的反馈有利于教师工作的进一步提高。因此，高校应该根据 EMI 教学的特殊性，在学生评教前对他们进行必要的宣传教育，使学生进行课堂教学评价的标准与普通课程的评价标准有所区别，力求客观、公正，和 EMI 的教学理念同步，从而更加充分利用学生的评价结果来推进教学的实质性改善。

五、结语

总的来说，EMI 教学法在非英语母语的国家和地区中的推行取得了一定的成效，不仅提高了学生的英语能力，也提升了高校的国际化和竞争力，颇有发展前景。国内外学者围绕 EMI 在高校中的应用进行了大量的研究，涉及诸多领域，成果丰富，但仍有一些问题需要加以进一步的研究。例如，EMI 教学法是否对非英语母语国家的社会文化产生了影响；EMI 教师的培训应该如何系统地进行；传统的课堂教学方法能在 EMI 课堂上得到怎样的创新和发展等。就 EMI 教学法的推动而言，我们还需进行更深刻更细致的研究，才能找出更有效的方法去解决教学实践中的问题，对症下药，取长补短，将 EMI 教学法在高校中的应用推上一个新的台阶。

参考文献

［1］Lia Blaj – Ward. From language learner to language user in English – medium higher education：Language development brokers outside the language classroom［J］. *Journal of Research in International Education*，Vol. 16（1），2017：55 – 64.

［2］Ernesto Macaro，Samantha Curle，Jack Pun，Jiangshan An，Julie Dearden. A systematic review of English medium instruction in higher education［J］. *Language Teaching*，2018（1）：455 – 486.

［3］Elena Belyaeva. EMI MOOCS for University Lecturers［J］. *Journal of Teaching English for Specific and Academic Purposes*，2018（1）：165 – 177.

［4］Emma Dafouz，Julia Huttner，Ute Smit. New Contexts，New Challenges for TESOL: Understanding Disciplinary Reasoning in Oral Interactions in English – Medium Instruction [J]. *TESOL Quarterly*, Vol. 52, 2018 (3): 540 – 563.

[5] Takumi Uchihara, Tetsuo Harada. Roles of Vocabulary Knowledge for Success in English – Medium Instruction: Self – Perceptions and Academic Outcomes of Japanese Undergraduates [J]. *TESOL Quarterly*, Vol. 52, 2018 (3): 564 – 587.

[6] Yung – Ting Chang. *MEMIS: A Mobile – Supported English – Medium Instruction System* [J]. *Telematics and Informatics*, 2017 (34): 640 – 656.

[7] YuKyongAe. A study of university students´perception and preferences on EMI [J]. *English Language and Linguistics*, 2009 (28): 67 – 89.

[8] 陈洁，于雨田. 面向非英语专业学生的 EMI 英语教学现状研究——以中南大学为例 [J]. 创新与创业教育，2018 (4): 104 – 108.

[9] 陈嘉欣，齐明，梁亦诚，沙峰. 全英文教学的学生反馈与思考 [J]. 大学教育，2018 (4): 96 – 99.

[10] 陈文. EMI 课堂在英语语言"外围圈"和"扩展圈"国家高等教育中的发展 [J]. 三峡大学学报（人文社会科学版），2017 (2): 194 – 195.

[11] 牟鹏. 全球化背景下高校全英文教学的现状及启示 [J]. 中国高教研究，2017 (9): 99 – 104.

[12] 李颖. 高校全英文教学效果的实证研究 [J]. 中国外语，2017 (1): 59 – 67.

[13] 钱明智. EMI 课堂教学质量评估体系构建研究 [J]. 黑龙江教育学院学报，2016 (1): 46 – 47.

[14] 李颖. 高校优质双语/EMI 课程的教师教学能力研究 [J]. 外语

界，2015（2）：80－87.

［15］李茜．高校 EMI 教学环境下学生评价教师课堂教学的问题及对策研究［J］．河南科技，2014（18）：273－274.

［16］付承英．针对留学生的教学特点提高全英文教学质量［J］．中国组织化学与细胞化学杂志，2009（4）：451－453.

华侨大学　外国语学院

新媒体环境下的词汇学习：以手机 APP 为例[①]

石宝鹏　陈恒汉

摘　要：随着新媒体的广泛应用，智能手机 APP 成为学习者利用碎片时间学习的重要途径。通过对新媒体环境下第二语言学习者使用智能手机 APP 学习优点和缺点的分析，提出相应的应用对策和学习方略，可以推进词汇学习和多种新媒体的有机结合，开辟新形势下英语学习的有效途径。

关键词：新媒体；手机 APP；英语词汇学习

一、引言

词汇是英语学习的重要组成部分，词汇学习是语言学习的基石，因此，词汇量是测评英语学习的重要指标。正如 Harmer（哈默）指出："若语言结构形成了语言的骨骼，那么词汇就为之提供了重要的器官和血

① 基金项目：2017 华侨大学教师教学发展改革立项"英语通识课程《美国历史文化》CBI 教学模式研究"（项目编号：17JF－JXGZ03）；2018 年福建省本科高校教育教学改革研究项目"通识教育全英文选修课的体系建构研究"（项目编号：FBJG20180023）。

肉”[1]。英国著名语言学家 Wilkins（威尔金斯）认为，没有语法不能很好地表达，而没有词汇什么也不能表达[2]。

近年来随着智能手机的普及和手机 APP 软件的广泛使用，新媒体已经深入大学生的日常生活，对大学生的英语学习起着不可忽视的重要作用。《大学英语课程教学要求（试行）》指出：“新的教学模式应以现代信息技术，特别是网络技术为支撑，使英语的教与学可以在一定程度上不受时间和地点的限制，朝着个性化和自主学习的方向发展。”[3]新媒体的日益普及和词汇学习的融合，可以实现学习资源和碎片时间的最大化利用。

二、词汇学习的相关研究评述

英语词汇是音、形、义的结合体，学界传统认为词汇学习的范畴主要包括音、形和义三个方面的内容。首先，单词的发音即“音”，根据国际音标拼读规则准确地识别独特的发音。其次，单词的拼写即“形”，26 个英文字母的不同排列组合而形成繁多的英文单词。对第二语言学习者来说，词形的识记是最大的困难。再次，词汇的实际意义即“义”，成为精通英文的基本要求。在不同语境当中同一个英文词汇含义大相径庭，词汇学习的策略也成为制约词汇量的一个重要瓶颈。

词汇表、图片/动画/影像、附带语境三种呈现方式对词汇学习与短时记忆的影响没有显著差异，对词汇长时记忆的影响则表现为词汇接受性知识和产出性知识的获取效果不同，且对不同词性词汇学习的影响也不完全相同[4]。伴随性词汇学习是一种有效的学习方式，学习者的第二语言水平、词汇量大小、猜词能力、目标词语的出现次数、阅读任务、凭借工具等都影响伴随性词汇习得[5]。国外有学者将移动学习融入英语拼写课程的混合教学方法，分析 APP 英语拼写学习体验的效果，评估学习者使用智能手机 APP 学习的有效性[6]。李金林对移动学习的特征与优势等进行了分析研讨，对移动学习绩效评价设计的原则与流程提出了建议[7]。国内一些学者也针对大学生使用 APP 学习英语单词的频度进行了大量的实证研究，并从不同的层次分析了手机 APP 对大学生英语学习的影响。本文旨在研究新媒体时代背景下手机 APP 和词汇学习相结合的策略，以期为英语通识课的教学改革提供相应的参考。

三、新媒体环境下英语词汇学习策略

本研究选择新媒体当中具有代表性的 APP 手机软件——百词斩。百词斩 APP 是一款多模态单词学习软件。多模态对于语言教学的作用，体现在补缺、强化、吸引注意力、抒发情感等，能使交流的信息易于被学习者理解和接受，避免模糊和不确定的理解[8]，针对词汇学习更不例外。该 APP 为每一个单词提供了有趣的配图和例句，部分词汇还设计相关小视频。全方位涵盖了从初高中、大学英语、雅思到 GRE 词汇库。以利用手机 APP 为例，新媒体环境下的英语词汇学习，也是需要一定的策略，才能更好地发挥其作用。

（一）充分利用新媒体，多层面加深印象

认知心理学空间呈现（space - presentation）理论为新媒体学习词汇提供了理论支持。他们指出，一个单词的两种呈现方式在空间上距离较远时，学习者的词汇记忆测试结果比空间较近呈现方式的词汇掌握更好[9]。所以学习者可以充分利用新媒体 APP 提供的不同空间和不同图文介质促进英语词汇的识记，系统设置每组词汇进行四轮不同时空介质识记，大大地促进对词汇的理解和识记。这种多维、直观的呈现可以从 tender 一词的图文示例看出来：

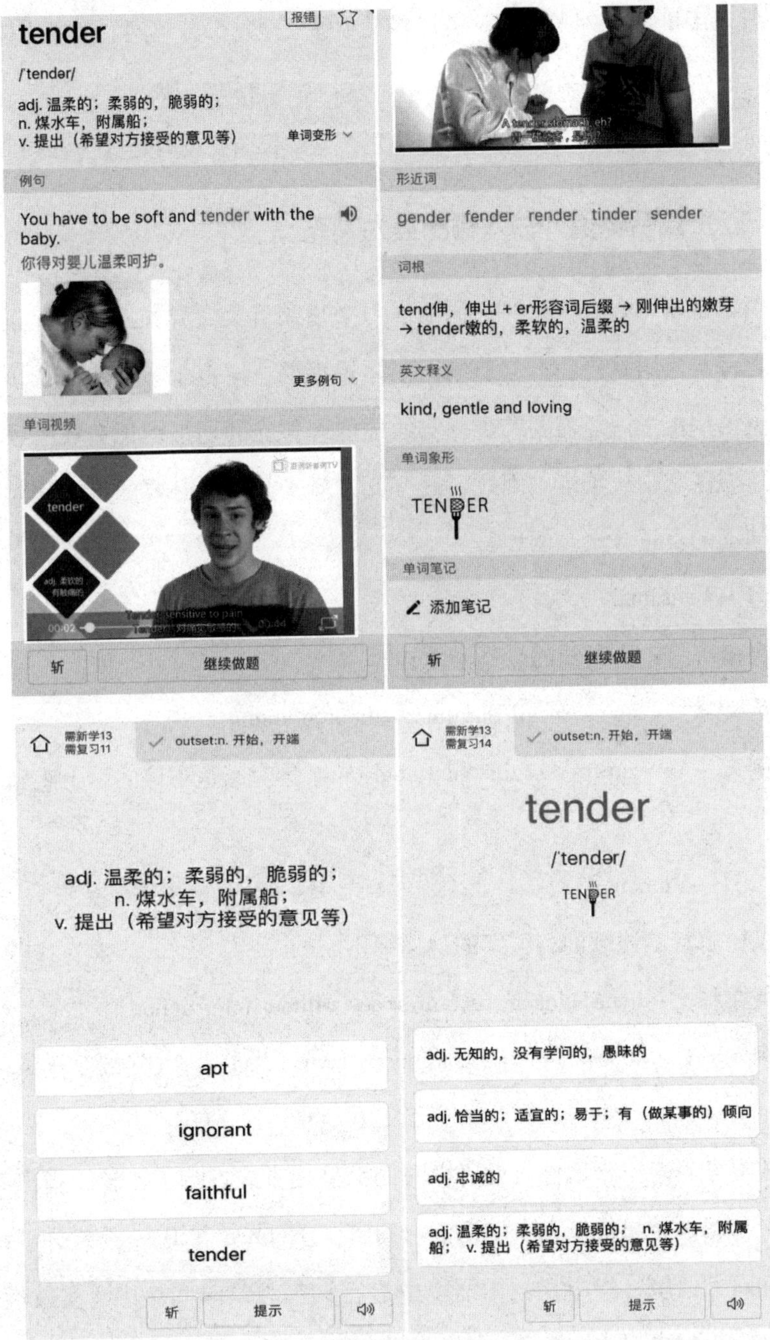

词汇 Tender 图文示例

针对手机 APP 对英语词汇英汉释义不够完全，部分单词的解释比较片面的问题，学习者可以结合新媒体英语词典，比如有道、海词等，使词汇学习的手机 APP 和新媒体英语词典互为补充。笔者长期使用的是《海词词典》。

（二）结合语境，输入输出互为补充

对二语学习者来说，英语词汇学习必须阅读英文释义，不能仅仅背诵汉语翻译，汉语翻译往往会造成词汇误用现象。语言学习不能脱离语言环境，英语词汇学习还需要结合一定的语境，孤立的词汇识记造成了很多英文表达误区和中式英语。因此，只有英文释义并配合必要的英文例句才能领悟词汇的真正含义。例如：

（1）Continual

汉语解释：不间断的、不停的

英文释义：going on all the time without stopping

例句：Are you tired of this continual rain? 你对于这不停的雨不感到厌烦吗?

（2）continuous

汉语解释：连续的；继续的；连绵不断的

英文释义：continuing in time or space without interruption

例句：The atmosphere is a continuous layer of gases. 大气圈是连续的气体层。

曾有学者对附带语境与无语境的词汇呈现方式进行了比较，指出有语境词汇习得的效果优于无语境词汇习得[10]。Herman 和 Dole 曾区分了教学语境和自然语境，指出在教学语境中进行词汇教学时间集中、实效性高，但这种人为的虚拟语境毕竟有悖语言的真实性原则，在一定程度上阻塞了学生成为独立自主词汇学习者的进程；而自然语境虽然能够激活学生已有存储知识，有利于推动词汇知识的内化和吸收，但占用时间较多[11]。因此，新媒体环境下英语词汇学习者需要善于利用自然语言环境，并且学会利用所学的单词进行创造性的输出。例如可以使用所学的词汇完成一篇写作，有意识地在使用中加深对新词的印象，从而达到事半功倍的效果。

（三）设置合理科学的学习频率

还有学者指出，词汇识记间隔性重复比集中性的重复效果要好，因为新媒体学习超越时空束缚，学习者可以设置词汇的重复频度，达到科学合理刺激大脑的识记功能[12]。因此，针对不同程度的学习者，可以每天设置不同数量的词汇学习进度，以达到合理频度重复，并实现词汇学习预期效果。为了长期坚持英语词汇学习，学习者通过建微信群的方式，群成员每天进行微信群打卡互相提醒、互相监督，让日常词汇学习成为每天生活当中的必需品。

四、新媒体对英语词汇学习效度分析

基于新媒体学习英语词汇模式将是未来发展的主要趋势，这种学习方式不同于传统教师授课模式，它不受时空的制约。从新媒体角度研究词汇习得，符合未来学习方式发展的主要潮流。对新媒体语境下的词汇学习的优缺点进行分析，可以清楚地看出其学习效度，也可以体会其不足之处，从而对其扬长避短。

（一）利用新媒体 APP 学习词汇的优势

首先，新媒体促进英语词汇学习成为学生自主学习的一个重要部分，也成为英语学习的一个基本环节，并和课堂英语学习相辅相成。国外学者提出自主学习是“对自己学习负责的一种能力”。学习者拥有自主能力，意味着学习者能够自己确定学习目标、内容、材料和方法，能确定学习的时间、地点和进度，对学习进行评估（Holec，1981）。新媒体融入到学生的业余学习活动当中，针对学习者的英语水平制定不同学习计划，不同层次的学习者可以根据不同类型的学习内容制定词汇学习的总体时间和每天学习的词汇总量，从而充分利用碎片时间改变学习观念，培养学生自觉利用智能手机提供的学习资源进行自主学习，由此来培养、激发学生对英语学习的兴趣和自信心。

其次，新媒体词汇学习不是对词汇简单的机械重复，而能够向学习者提供情景互动学习及碎片化自主学习。新媒体词汇学习 APP 根据艾宾浩斯遗忘曲线的规律，进行三轮不同模式重复阅读、发音拼写、图片识记及强化训练带进行词汇学习，次日执行新的学习计划，APP 系统首先对已经学习的词汇进行复习。国外学者通过对图片呈现方式的研究，发现图片呈现方式有利于词汇习得[13]。听音辨词、词义匹配、看图辨词、语境填空四轮不同模态增加了词汇学习的趣味性。学习者每天执行学习计划，首先通过跟读英文例句并选择与句子意思指示对应的图片。这是一种较为形象的呈现，具有视觉冲击力，学习者选择正确则会自动跳转下一个单词，学习者选择错误会提示中英释义及相关例句。这种学习词汇的方法能使得所学单词更容易给人留下印象（impressive），记得更久，更不容易遗忘。

此外，新媒体词汇软件具备语音跟读功能，有助于学习者对单词的发音进行纠正，从而有利于学习者听说能力的提高。国内学者通过研究指出，语音短时记忆的预测力是最强的，语音短时记忆与词汇学习之间是一种互相促进的动态发展关系[14]。多数新媒体词汇软件也提供相关单词的中英双解释义，有利于学习者对单词含义有更深的理解和掌握。

（二）利用新媒体 APP 学习词汇的不足之处

利用手机 APP 等新媒体手段进行词汇学习的过程中，有两个问题长期困扰着学习者。一是词汇存储量不足，导致阅读过程中含义的误解或理解不完全[15]。和传统的学习词典相比，新媒体限于容量，有的英语词汇英汉释义不够完全，部分单词的解释比较片面，部分英文单词与图片匹配不清晰，会出现图文联想误区，而学习者也很少诵读英文释义，进一步妨碍了词汇的真正习得。另一个是词汇的识记，这是二语习得者主要的困惑。学习者花费较多时间进行词汇识记，却发现遗忘的速度比识记单词的速度更快。很多学习者缺乏相应的练习来巩固已经掌握的词汇，导致词汇遗忘程度较高。对于很多学习者来说，没有足够的恒心坚持每天学习英语单词。大多数学习者在初期有较高的热情，随后容易出现“三天打鱼，两天晒网”的现象，而且比较普遍。

因此，相当多的学者调查发现，使用者普遍认为 APP 对于英语词汇学习有帮助，但是效果并不是非常明显。

五、结论

我国语言学家桂诗春提出，词汇是习得的，它的储存和提取与心理有关，不了解它，词汇的习得也无从谈起[16]。因此，学习者词汇的储存和提取是一个心理活动过程。首先在大脑中呈现出词汇所显现的意象，真正理解词汇表达的核心含义，然后能在自然语境下正确地使用。新媒体为学习者提供了便利的学习方式和自然语言语境，新媒体 APP 学习模式优于多媒体网络环境下的自主学习，学习者可以利用碎片化时间来根据自己的学习兴趣、学习时间、学习特点进行个性化的自主学习。

在第二语言学习过程中，词汇学习的核心地位毋庸置疑。新媒体在一定程度上有效地帮助学习者学习英语词汇，激发学习英语词汇的兴趣，增强学习英语词汇的自主性，为综合能力的提升打下坚实基础。新媒体环境和传统的词汇学习互相渗透，对于学生进入更地道的全英文语境，进行更有成效的词汇学习有一定的促进作用。因为外语词汇教学的最终目的是培养学生有效、自动地激活外语词汇的能力[17]，这也是本研究对于词汇学习和词汇教学的初衷所在，具有一定启示意义和参考价值。

参考文献

[1] Harmer, J. *The practice of English language teaching* [M]. London: Longman Press, 1991: 4.

[2] Wilkins, D. A. *Linguistics in Language Teaching* [M]. London: Edward Arnold, 1972: 111.

[3] 王守仁. 高校大学外语教育发展报告（1978－2008）[Z]. 上海：上海外语教育出版社，2009.

[4] 刘凌，秦晓晴. 词汇呈现方式对英语词汇学习影响的实证研究 [J]. 外语界 2014（2）：67－75.

[5] 干红梅，何清强. 伴随性词汇习得研究发展三十年 [J]. 四川师范大学学报（社会科学版），2015（5）：106－114.

[6] Shih R. C., Lee C, Cheng T. F. Effects of English spelling learning experience through a mobile LINE APP for college students [J]. *Procedia－social and behavioral sciences*, 2015, 174: 2634－2638.

[7] 李金林. 移动学习发展及其绩效评价设计探究 [J]. 中国电化教育，2017（7）：95－98.

［8］张德禄．多模态话语理论与媒体技术在外语教学中的应用［J］．外语教学，2009（4）：15－20.

［9］Thornton，P. & C. Houser. Using Mobile Phones in Education［J］. *Proc. 2nd IEEE*，*WMTE*，2005：217－228.

［10］曾建湘．词汇呈现方式对刻意学习英语单词的影响［J］．外语学刊，2007（4）：131－135.

［11］陆巧玲．词汇教学中的语境问题［J］．外语与外语教学，2001（6）：32－34.

［12］Holec. *Autonomy and foreign language learning*［M］. Oxford：Pergamon Press 1981.

［13］Kroll，J. F. & Tokowicz N. *Models of bilingual representation and processing*：*Looking back and to the future*［M］. In Kroll，J. F. & De Groot，A. M.（Eds）. *Handbook of Bilingualism*：*Psycholinguistics Approaches*［C］. New York：Oxford University Press，2005：531－553.

［14］周玉凤，李荣宝．中国英语学习者语音短时记忆与词汇习得关系的实证研究［J］．华侨大学学报（哲学社会科学版），2013（3）：148－154.

［15］Segler，T. M.，Pain H.，Sorace A. Second language vocabulary acquisition and learning strategies in ICALL environments［J］. *Computer Assisted Language Learning*，2002（4）：409－422.

［16］桂诗春．英语词汇学习面面观——答客问［J］．外语界，2006（1）：57－65.

［17］李莉文，任长惠．大学英语词汇习得及对教学的启示［J］．外语与外语教学，2001（6）：40－41.

华侨大学　外国语学院

案例法助推课程国际化：理念与实践[①]

陈恒汉　刘婉霞

摘　要：案例分析法自20世纪80年代引入我国以来，已有近40年的实践历程。基于对中国期刊全文数据库中与案例分析法相关的文献检索整理，从案例法的定义及特点、操作流程、实施条件、以及在全英文教学中的适用性等四个方面进行探讨，指出案例法在全英文教学中应用的具体做法，从而为课程国际化提供改进思路。

关键词：案例教学法；课程国际化；理念与实践

一、引言

案例教学法最早由哈佛大学提出并应用于法学教育，现已被广泛应用于医学、管理学、经济学等应用型较强的学科教学中。将案例教学法用于

① 福建省本科高校教育教学改革研究课题“通识教育全英文选修课的体系建构研究”（项目编号：FBJG20180023）；华侨大学2018年研究生教育教学改革项目“MTI商务翻译Case study案例库”（项目编号：编号：18YJG30）.

推动课程国际化，必须充分了解案例教学法的定义及特点、操作流程、实施条件和研究意义。在此基础上，根据全英教学实践和实际情境，对案例教学法进行相应的改进与优化，才能在教学改革过程中充分发挥案例教学法的优势，使得学生在实践经验不足的条件下，仍然可以通过案例法获得分析问题、解决问题的能力。

案例教学法在国内推广较晚，目前仍未受到普遍的重视，在应试教育的“满堂灌”和“填鸭式”的课堂模式中，是没有案例教学的地位的[1]。随着全球化进程的日益加深，当前形势对课程国际化的需求也日益扩大。这就要求我们应当紧跟时代发展，摒弃传统的应试教学模式，注重在全英文教学中引入一些和国际接轨的创新方式，并在人才培养过程中探讨其实践性和应用性。

二、案例教学法的定义及特点

本文选定“中国知识资源总库”（CNKI）的“中国期刊全文数据库”为数据来源，对2004—2018年间关于案例法在教学领域中的应用研究进行了系统化的梳理，力图整体把握并探讨案例法在全英文教学中的适用性。

案例教学的定义有广义和狭义两种：狭义的是哈佛式的案例教学，即教师使用事先写好的案例，组织、引导学员讨论，从中学习管理学知识；广义的则包含各种互动式的教学方法。从目前的研究文献中，笔者归纳出以下五种具有代表性的定义：（1）案例教学法是一种运用典型案例，将真实生活引入学习之中，“模仿真实生活中的职业情境”，创作“剧情说明书”用来作详细的检查、分析和理解，帮助学习者像从业人员那样思考和行动的教学方法[2]。（2）案例教学法提倡以学习者为中心，强调学生是学习过程的主体，注意在学习过程中发挥学生的主动性、积极性。相应的教学设计主要围绕“自主学习策略、协作学习策略”和“学习环境”两个方面进行[3]。(3) 案例教学法是指教学者使用案例，以团体和小组讨论、角色扮演等方式来增进成员间的交流，引发学习者的思考，并给予成员真实状况学习的一种教学方法[4]。(4) 案例教学法是在教师的指导之下，通过对一系列具体案例情境的描述，引导学生对这些案例情境进行分析讨论、归纳总结，从而得出结论的一种教学方法[5]。(5) 案例教学法是指教师根据教学目标和内容要求，精心收集、策划、设计案例，将学生置于特定情景中，通过师生之间和生生之间的互动，引导学生对案例进行深入分析、广泛讨论和交流，借以提高学生发现问题、分析问题和解决问题的能力，同时培养学生的沟通协调能力、创新能力和团队协作精神的一种开放式教学模式[6]。

从这些定义我们可以看出，案例教学法具备以下特点：

(1) 实践性。案例教学法不同于传统的理论讲授方式，而是脱离课本，基于真实案例或情境分析的基础上实施教学。教学目的不再是为了应付考试，而是通过交流讨论，使学习者了解在实际情况中可能遇到的问题及相应的解决办法。

(2) 挑战性。不论对传统的教学模式而言，还是对参与其中的师生而言，案例教学法的应用，无疑是一种挑战。案例材料的编写或者搜集，对案例的讲授与提问，营造良好的课堂讨论氛围，对教师的教学能力要求较高；而对案例的分析思考，需要学员提前掌握足够的理论知识，并灵活地将理论应用到对应的案例情境当中，进而发现问题并提出解决方案，对学员的综合能力要求较高。此外，案例教学并没有标准答案，讨论者需要从多角度探讨各类教学思路，并归纳总结出最符合实际需求的方案。

（3）创新性。案例教学法是对教学模式、角色参与、教学内容的一种颠覆性创新。不仅改变了传统课堂模式中教师和学生固定的角色参与，让教师不只是信息的发出者，学生也不只是信息的接受者，而是成为彼此的信息交换者。同时教学内容对教师水平也提出更高要求。教师要从大量的实践材料中选择出合适的实例并且重新组织，用于学生讨论，有时还可以自己动手编写案例。

三、案例教学法的操作流程

随着案例教学法在诸多领域的专业教学中应用越来越广泛，各实施单位逐渐形成一套较为完善的操作体系。不同专业领域尽管在案例选取上有所不同，但教学模式和操作流程都大同小异，均由几个关键环节组成。缺少这些关键环节，案例教学法将无法进行，也无法取得相应的教学成效。

（一）案例选编

哈佛商学院独特的案例教学法虽一直被世界各大高校竞相模仿，但却很难被超越，模仿者也很难获得优秀的教学成果。主要原因就在于哈佛商学院“既是全球最大的管理案例供给者（2005 年哈佛商学院在全球共销售案例 696 万份），又是案例教学法使用最多、最久且技能最熟练的学院，这种模式使其成为商学教育中的领跑者。”[7]

因此，案例选择在很大意义上决定了案例教学法的成功与否。在实施案例法教学时，案例的选编应考虑以下因素：

（1）和教学目的相结合。在编写或者搜集案例之前，教师可从教学理论、呈现方式、预期效果等方面进行宏观把控，在对目前行业现状和突出问题进行大量分析总结的基础上，设计出符合实际需求的案例。

（2）和学生能力相结合。每个学生的学习能力、水平参差不齐。设计案例时应考虑学生的普遍接受度，选取难度适中的案例进行学习分析。难度过大的案例会让基础薄弱的部分学生缺乏学习动力，加大其学习压力，无法跟上教学节奏，令教学效果事倍功半。过于简单的案例会使基础良好的学生思维能力得不到恰当训练，也达不到教学要求。案例的难度应当能够恰如其分地引导学生进行深度思考。

（3）和学科领域相结合。运用案例教学法正是为了提高学员解决相关学科或者行业中实际问题的能力。如果教师设计选取的案例与本学科核心内容无关，不仅无法体现专业性，还会偏离教学目标。因此，案例选编应该与学科知识点有机结合，涵盖面要广，涉及学员未来可能遇到的各类问题。

（4）和时代发展相结合。案例选编应具有时效性，针对当下社会中的实际问题才是案例教学法的意义所在。再则，选取热点问题进行案例分析，不仅能够激发学员的学习兴趣，还能加深学生对目前行业发展现状的了解，对之后的自主学习也有指导性意义。

（二）案例讨论

案例讨论通常以小组形式展开。教师可提前分组，也可即时分组，但应尽量保证不同水平的学员分在同一组。讨论的目的在于集思广益，使学员在相互交流、探讨的过程中激发学习潜能、掌握沟通技巧、强化理解能力、深化专业知识。因此，讨论得以顺利进行，是保证案例教学法成功实施的核心。

案例讨论过程可根据教学要求分为讨论前和讨论中。讨论前，为使课堂效率最优化，教师可提前将案例内容布置给学员预习并提出相关思考问题。学员也应在课前充分掌握相关的理论知识，并结合理论提前对案例进行思考。

讨论过程中，教师应充分发挥引导作用，保证每一个小组的讨论质量，并营造和谐的讨论氛围，让学员成为讨论过程的主导者。为此，各个小组可以由教师制定组长或由小组成员推选组长。组长的职责在于，负责组织本组的讨论，并整理出本组的发言提纲，代表小组在全班交流发言，并由小组成员对发言者遗漏和不完善之处做出补充。接下来除本组学员之外的学员都可以就发言者陈述的观点进行提问，由发言者答疑。全班同学一起讨论各组成果的优缺点，并选出优秀方案[8]。

（三）归纳总结

讨论结束后，教师应及时对课堂内容进行总结，分析本次讨论中的重难点问题，同时可进行相应的理论补充，保证实践与理论相结合。另外，可鼓励学员写总结报告，让学员自己归纳在讨论过程中已解决的问题和尚存在的不足。为推进教学质量，教师还可采用课后调查、成绩考核等方式进行及时评估，从而可以确定教学目的是否达到。

四、案例教学法的实施条件

多年来，传统教学模式在我国一直占主导地位，因此，国内大环境也主要适应于传统教学模式。案例教学法之所以在我国推行速度较为缓慢，与其实施条件不无关系。要让案例教学法助推课程国际化，对我们的基础设施、教学制度、教学管理、教学技术等都提出新的要求。下面，以哈佛商学院案例教学法的实施条件为例，简要分析其实施条件。

基础设施方面：哈佛商学院有良好的环境设施支持满足案例教学的独特要求：马蹄形案例讨论教室和阶梯型桌椅；室内良好的音响设计效果和

吸音性；6～8 块黑板便于记录和总结等。

教学制度方面：哈佛商学院制定了一系列的规则以确保教学效果：为教师提供事务性工作的服务，如秘书制、行政办公室；学员佩戴名牌；教学中强调核心价值，如尊重多样性、诚实；讨论规则，如防止搭便车、临时决定发言人。

教学管理方面：哈佛商学院在案例教学方面对教师要求非常高，每学期都会进行学员、教务和同事的评估。其授课教师多具有北美管理学教育背景，具有博士学历，需参加社会实践，有针对性地进行科研和教学；教师会成立课程小组进行教学研究和准备；有教授及专门人员进行案例编写。

教学技术方面：世界第一大案例中心的优秀案例库是哈佛案例教学的关键技术支持。哈佛对案例编写投入了大量的经费，1.5～5 万美元/案例，同时案例编写可作为科研成果，以此激励编写人员。此外，哈佛案例每年增加约 300～400 个，每年约更新 1/3 的案例，提供数量和质量双重保证。案例相关资料来源于哈佛校友及各大企业中高管理层。每年的案例出售收入约为 2500 万美元，为案例库的开发和更新提供资金支持[9]。

显然，上述条件在国内短期内很难实现，这也是导致案例教学法难以在国内大范围成功推行的主要原因。再者，我国人口基数大，每个班级的学生人数较多，学生水平参差不齐，这也使案例教学法的效果有一定折扣。但哈佛商学院案例教学的成功模式仍然可以提供一些改进国内教学环境的启发。我们不一定要将其完全照搬，如在基础设施方面，为了推行案例教学法而大规模将现有的教学条件改变，不但会耗费大量的资源，也会影响正常的教学实施过程。但相关部门完全可以借用国外优秀的模式，适当调整教学制度，加大资金投入，用于提升案例质量和数量及教师自身的学习进修，或者用于吸引教学人才，对参与案例编写的教师实行鼓励和晋升制，以此逐步推进案例教学法的应用。

五、案例法在全英教学中的实践意义

在全英文教学中，教师可以根据一定的教学目的，选择具有代表性的国外案例作为教学材料，通过组织学生解读英文文本、小组讨论、小组间点评、教师点评、对比国内样本等进行多向互动交流，使学生更加充分地领悟相关理论、策略与技巧的应用，从而提高职业思维和职业技能，同时培养用英文交流与沟通的能力、团队合作能力和解决问题能力。

全英文教学采用案例法，大致可以遵循三个操作流程，即，案例选编→案例讨论→归纳总结。首先，教学准备阶段和教学实施阶段构成。准备阶段包括理论准备和案例准备，实施阶段包括陈述案例、小组讨论、班级讨论、案例总结、撰写案例报告；其次，在全英文教学过程中，将案例教学法的操作流程确定为教学目标、案例选择、案例布置、案例讨论、教学评价和反馈；最后，精心选择教学案例、周密组织安排教学、及时进行总结反思。其中，周密组织安排教学又包括呈现案例，指导学生欣赏（或阅读）；提出问题，引发学生分析；集体归纳，回归教学内容；总结评价，提升学习水平[10]。

传统教学活动存在以教师为中心、教学模式缺乏互动、学生实践机会相对较少的现象。理论和实践课时不尽合理，理论课时占了多数时间，这些都偏离了全英文教学注重实践的宗旨。案例教学法应用于全英文课程，在理论与实践相结合的过程中，引导学生进行自主分析、思考，可以实现教学目标，培养出符合社会需求的应用型人才。全英文教师在组织课堂讨论的过程中，需要强调的是解决问题的思路，而不是追求问题的答案，这一特点也与案例教学法的教学目标不谋而合。

由于全英文课程涉及诸多领域，可根据不同课程教学重点设计不同的教学案例，将课程中各单元的知识点恰当地融入案例的分析和制作过程中。在编写教案时，应在反映当代社会、科技、文化、外事、外贸、媒介、影视、军事和外交等方面内容的素材中选编。在全英课程案例编写方面，强大的语料库功能可成为选取案例的重要来源，为教师编写案例提供参照与灵感，减轻教学负担，并衍生出多种优秀的实践版本。

目前，课程国际化在我国还处在启动试点的探讨阶段，教育部门、各大高校和教学人员等投入了大量精力进行推广。尽管目前为止，已经收获了不少成果，但其发展过程仍然面临种种困境。其中最突出的问题就在于教学模式有待改进。尽管目前传统教学的某些惯性可能会成为全英文教学中的阻碍因素，但案例教学法注重在课堂中导入实际场景，注重实践，因此引进案例教学法可以使全英文教学中的上述问题得到有效解决。总体而言，在全英文教学中推进案例教学法的阻力是相对较小的，把握其概念内涵并进行推广实践，有利于课程国际化的进一步推动和实施。

参考文献

［1］张英华，凌培全，主编．案例教学法创新研究与应用——“三维动态案例教学法”暨案例集［M］．北京：经济科学出版社．2006.

［2］陈谭，程瑛．Seminar 教学法、案例教学法及其课堂教学模型构建［J］．湖南师范大学教育科学学报．2004（4）．

［3］蒋秀娟．案例教学法与商务英语课堂［J］．国际商务研究．2006（6）．

［4］［7］［9］武亚军，孙轶．中国情境下的哈佛案例教学法：多案例比较研究［J］．管理案例研究与评论．2010（1）．

[5]［8］王玉西．探索案例教学法在翻译硕士专业教学中的应用［J］．中国翻译．2012（4）．

[6] 刘红梅．任务驱动式案例教学法的构建与应用［J］．教学研究．2016（4）．

[10] 郭凤广．案例教学法的误区分析及实施例谈［J］．中国电化教育．2007（9）．

华侨大学　外国语学院

大学教师全英文授课能力提升的方法和途径①

卫 妮 陈恒汉

摘 要：全英文授课并非只是简单地把授课语言转换为英语，授课对象、教学内容及其他众多复杂因素都会对教学质量造成影响。探讨大学教师提升全英文授课能力的方法和途径，认为教师除了具备基本的英语语言能力之外，还应该提升使用教学语言能力、激励能力、跨文化能力、学习效果评价能力以及多种教学方法结合等特殊能力。

关键词：全英文授课；能力提升；教师发展

一、引言

近年来，随着全球化进程的加快，在提升国际竞争力和推进高等教育国际化的驱动下，越来越多母语为非英语的国家将全英语教学（即 EMI，

① 基金项目：华侨大学教师教学发展改革 2018 年项目“高校专业课教师 EMI 教学能力建构与提升策略研究”（项目编号：18JF－JXGZ09）；福建省本科高校教育教学改革研究课题“通识教育全英文选修课的体系建构研究”（项目编号：FBJG20180023）。

English as a Medium of Instruction）课程引入各自的高等教育体系（Altbach and Knight 2007；Tamtam et al. 2012），以便达到提升大学国际排名、吸引国际优秀留学生和培养具有国际竞争力人才的目的。这项源于欧洲大陆国家的教学改革拓展成了一种全球趋势，在亚洲国家也蔚然成风，使得全英文教学日益普遍，课程数量急速增长，其地位和重要性也日益显现。

EMI 的研究多数集中在发展历史较长或发展速度较快的欧洲国家或亚洲国家，如瑞士、芬兰、印度、日本、韩国等。对中国高校的 EMI 教学研究来说，目前还处于探索性阶段，还没有可供借鉴的英语授课能力评价标准可供参考。但高等教育国际化已经成为高等教育改革创新的主要模式，对专业课和专业选修课施行全英文教学已经蔚然成风。学者对全英文教学的研究涉及到教师、教材和受众等，教学效果、评价体系等也开始日益受到关注，也不乏有研究表明 EMI 课程的实际效果与既定目标相去甚远，尤其体现在教学效果上（Angela et al. 2013）。因此，需要对大学教师的全英文授课能力进行深入研究，以期达到提升国际竞争力和推进高等教育国际化的目的。

二、全英文教学的主要问题和挑战

早在 2001 年，教育部就明确提出本科教育要积极推动使用英语等外语进行公共课和专业课教学，很多高校也相继开设了英语授课的课程（李颖，2012）。2010 年国家颁布的《国家中长期改革和发展规划纲要（2010—2020年）》中又明确提出，要吸引更多世界一流的专家学者来华从事教学科研和管理工作，进一步扩大外国留学生规模，增加高等学校外语授课的学科专业，不断提高来华留学教育质量。2017 年教育部的《大学英语教学大纲》也明确提出“学习英语有助于学生树立世界眼光，培养国际意识，提高人文素养，同时为知识创新、潜能发挥和全面发展提供一个基本工具，为迎应全球化时代的挑战和机遇做好准备”。教育部高等教育司司长吴岩在第四届全国高等教育外语教育改革与发展高端论坛上也提出“外语教学要主动服务国家战略发展，用具体举措来推动落实”。可见，在当前建设一流专业和一流课程的大背景下，全英文教学的重要性必将越来越被各个高校提及，并摆到实施推行的议事日程来。

尽管目前EMI已成为一种时尚的“全球现象”，但其发展不尽相同，与世界各国的实际情况紧密相关。Goodman（2014）指出，亚洲国家开设EMI课程的背景各有不同，在英语“外围圈”的前英属殖民地国家，英语作为第二语言（即ESL，English as a Second Language）或官方语言（即EOL，English as a Official Language）的国家，例如印度、马来西亚、新加坡等，EMI课程开设非常普遍；而在英语作为外语的“扩展圈”（即EFL，English as a Foreign Language）国家，比如中国、韩国、日本等，EMI课程教学作为教育国际化的有效策略虽然逐渐得到推广（Byun et al. 2011），但面临着许多困难和挑战，对教师的英文教学能力也提出了更高的要求。

全英文课程虽以英语作为载体，但其核心还是教授专业知识，其中最大的问题就是师生之间专业知识点的交流无法深入，正如Emilio Matricciani（2017）教授曾这样形象地描述EMI教学：“用母语与人交流就像看一部高清、彩色的电影，而如果使用英语，就算我们用尽全力，交流起来也好比在看一部低分辨率、黑白的模糊电影。”Byun指出，高校许多专业课教师在攻读博士学位期间可能并未接受正式的教学培训，而且对英语“扩展圈”国家而言，EMI的授课语言是其作为外语的英语，教师也因此面临着更多重的挑战，如自身英语水平欠缺、英语思维不足、备课量增大、面对多样化的学生，难以平衡其需求并对其进行公正的评估；对传授专业知识还是语言技能的把握上分寸模糊，等等（Owyang 2012；Byun et al. 2011；Collins 2010；Coleman 2006）。这些问题都直接影响到全英文课堂的教学效果，导致类似于教师与学生间互动减少，所授专业课程难度降低，学生难以在课堂上进行深入讨论等实际问题，同时，英语水平差的同学还对 EMI 课程表现出强烈的抗拒等负面态度（Airey and Linder 2007；Collins 2010；Byun et al. 2011）。

由于 EMI 教学立足于英语作为第二语言的“扩展圈”国家的教学实践，是从欧洲大陆教育改革逐渐拓展到全球范围的，对我国而言更是一种“舶来品”，在引入到我国高等教育体系时面临着本土化的检验。由于近年来其发展势头迅猛，我们难免会在仓促上马推动实行的时候直接照搬他人经验，忽视本国的国情与特点，从而使得教学成效不尽如人意。许多高校专业课教师虽积极响应国家政策，但对自身教学能力的提升以及 EMI 课程的认识不足，导致在投入大量时间精力和财力之后，依然收效甚微。目前我国高校引入的外籍教师大多都就职于外语学院从事语言教学，EMI 课程的开设更多地依赖英语作为外语的本土专业课教师，各大高校在推广全英课程的同时面临着其教学质量堪忧、教师的教学能力亟待提高的现实，因此已有的研究也大都围绕着 EMI 教学存在的问题展开。

李颖（2012）在对 EMI 课堂的调查与分析中发现，EMI 教学效果同时受到师资、学生、教材、教学方式、教学环境等多重因素的制约。我国成功的英语教学示范课程通常配备了海外知名专家、博士，教学资源丰富，而大多数高校无法拥有类似的强大团队和资源，导致 EMI 教学往往只是用英语教授一些学科术语，而其余则用汉语教学。同时，专业课教师在开设全英文课程时面临着各种问题和挑战，在使用作为外语的英语进行专业课教学时，许多教师只是流于形式，用英语来组织课堂教学，而真正用英语进行有意义交流的情况很少（束定芳，庄智象，2008）。此外，课程设置的科学性、课程体系的完整性及语言与内容如何相互促进等方面也有待进一步研究（李颖，2015）；EMI 课程教学质量评估体系有待构建与完善（钱明智，2016）；没有可供借鉴的 EMI 教学能力评价标准可参考（牟鹏，2017），对上岗教师的教学能力把关不足等。

针对这些挑战，学者们提出高校开展常态化、系统性的 EMI 教学培训势在必行（牟鹏，2018）。以华侨大学为例，在我校成立国际学院、认证数批全英文授课教师、推行 EMI 课程的几年里，不乏有相关课题针对 EMI 课程实践过程中的经验或问题进行研究，并普遍提出要提高 EMI 师资队伍和教学能力，但在具体的提升策略上却由于没有参考标准而未细化。虽然近年来通过“走出去”和“请进来”相结合，EMI 教师培训项目逐渐铺开，但由于培训时间短、培训内容还有待深入，加上教师对教学能力提升的认识不足等问题，其收效还不能立竿见影。

三、大学教师提升全英文授课能力的方法

全英文授课虽然刚开始会令师生比较难以适应，因为语言的障碍会产生一些理解和沟通上的问题。但是在过了适应期之后，用英语授课反而能让学生的注意力更加集中，因为授课语言不是母语，会迫使学生更加认真听讲，这对学生语言能力的全面提升有很大裨益。因为英语授课让学生对专业术语的英语词汇量大增，同时也引导学生主动地去了解一些国际最新专业前沿进展，这对于后续的学习深造及工作都有非常大的好处。大学教师建构英文授课能力，可以从课堂语言、课堂管理、课堂评价以及教学手段等方面进行系统提升，以达到不断学习，教学相长的效果。

（一）作为基本教学能力的课堂英语

课堂授课语言属于一种特殊语类，它具有其特殊的语域特征：规约性

和教导性（Bernstein，1996）。规约性话语指的是能有效调节和维护课堂学习环境，并保障授课进程的语言，例如：激发学生已有知识、对学生进行有效提问、检测学生对新知识的理解等；而教导性话语指的是学生所能学到的知识，是专业知识方面的语言。

当教师在使用英语教授专业知识时，规约性语言通常会因对非母语的掌握不足而受到限制，课堂变成单纯的知识讲授，这便会直接影响到学生的专注度和参与度，从而降低学生的学习主动性。全英文教学并非简单地将课程教学材料和课件翻译为英语，做形式上的英语授课，它更多地需要教师真正了解语言的特性，发挥双语甚至是多语的优势，以恰当结合的互动方式来完成不同类型的课堂活动，以达到最佳的教学效果。

因此，高校教师在使用英语教授专业课程前，必须系统学习相应的英语授课语言，并在日后的课堂上加以应用，不断提升用英语传授知识，组织课堂的能力。

（二）管理课堂能力的提升

许多专业课程，尤其是理工科课程，比较注重专业知识的传授，课堂互动本来就相对较少，而这些课程一旦放在英语环境之中，语言的因素则会使一些学生更加沉默，教学的效果很难保证。为了能激励学生的主动性，教师需在课前将课堂互动列入明确的学习目标，让学生转变传统的专业课学习模式。在课堂学习中，逐渐从简单的互动活动过渡到难度较大的互动活动，让学生顺利适应这种转变。

同时，教师除了从语言上更多地与学生进行互动之外，还需具备有效的激励能力，也就是调动学生学习主动性的能力，让他们能真正参与到学习当中。例如，教师在讲授过程中可以每隔15—20分钟停下来，让相邻的两位学生对比一下各自的笔记，或者是讨论一下各自的理解。这种方法既符合专注时间限度，同时也能促进学生的主动性，而这种活动也能适当减少学生因害怕当众出错而拒绝参与的可能性。

（三）评价全英课堂效果的能力

高校教师在用英语讲授专业课时，专业知识的输入输出都是通过英语，因此在对专业知识进行评价时，很多教师比较茫然，或者不明确是否要考虑语言的因素，或者不明确英语水平在整体评估中应占的比重。通过对所在学校全英语教学课程的调查发现，教师对学生学习成效的评价虽然因科目稍有差异，但是大部分教师采用的都是课堂参与、作业、小测、小组项目、期中考试以及期末考试等形式，这与非英语授课的专业课程评价标准基本一致，无法看出全英文授课和国际接轨的特色之处。

尽管英语水平并不是全英文课程的主要评价标准，但实际上评价标准中的每一项都取决于学生的英语水平。学生必须首先理解所提出的问题，通过自己对所学知识的理解，对它做出恰当的反馈，在这个过程当中，英语水平是不可或缺的。不少学生也反映英语的使用在一定程度上影响了他们的成绩，也就是说，学生认为自己真正的专业水平没有体现出来。

因此，在对学生的学习进行评价时，教师应该充分考虑语言因素对学生输出知识可能造成的障碍，如果简单依赖学生对某个问题的口头回答或书面回答的形式，其评价可能是不够全面的。教师可以采用多样化的手段全方位地评价学生的表现。例如，教师可以布置一个能包含专业知识点的专题，让学生按照自己的方式做一个较为完整的展示，在这个展示的过程中，教师就能更准确地判断学生对专业知识的掌握。

（四）使用相关辅助手段的能力

很多时候，语言因素对学生理解专业知识造成的障碍，可以通过教师多样化的教学方法得以改善。例如，课前教师可以为学生提供较为完整的专业词汇术语表；在讲解较为抽象的概念时，教师可以使用相对直观的图片进行辅助，或是用学生能理解的简单的英文进行解释，以达到知识理解和内化的目的；课后通过设计小组活动，让学生之间相互交流，查漏补缺，巩固对新知识的理解。除了需要具备基本教学能力之外，还应具备更新知识、跨学科和国际化能力，多种手段的结合可以帮助提高课堂的教学效果。

四、大学教师全英文教学能力提升的途径

在我国的大部分高校里，EMI 授课教师的群体有其特殊性，他们当中大多数具有海外留学背景，但留学时间不长，且留学期间或并未接受正式的教学培训，多元文化意识薄弱，英语语言能力有一定的差距，因此，研究其相应的全英文教学能力建构及提升策略，应当更具针对性。

高校 EMI 教学需与本国、本校的实际情况和发展需求相结合，教师不可盲目照搬别的国家、学校的同类课程教学经验，否则会因多方差异影响到课程的授课效果；也不可一味跟随自己的研究兴趣和特长来开设课程，这样可能会影响到 EMI 教学的系统性发展目标。就大多数本科高校而言，只要有相应的师资和条件许可，全英文课程可以应用于几乎所有的专业，除了众多的专业课，很多通识教育的课程也都可以施行全英文教学。

以华侨大学为例，目前通过国际学院主导，开展全英文师资认证，在有条件的专业开展全英文教学，其目的就是为了培养具有全球视野、通晓国际规则、熟练运用外语、精通中外谈判和沟通的国际化人才。因此，适合全英教学的“国际商务”“会计学”“金融学”等专业相继设立。这些

专业旨在培养学生全面掌握国际商务的基本理论与技能，熟悉国际经贸金融规则和惯例，能熟练运用英语、计算机等工具从事国际商务活动的高级复合型人才，能胜任企业或非盈利组织的国际经营投资业务活动，同时也能从事一般企业管理工作，还能从事政府外事、外经贸部门的管理工作。另外，“会计学”和“金融学”还分别引入英、美等国的本科培养课程体系，将 ACCA（The Association of Chartered Certified Accountants 的简称，英国特许公认会计师，中国通常称为“国际注册会计师”）和 CFA（Chartered Financial Analyst 的简称，美国特许金融分析师）知识体系独立设置成教学课程，嵌入到这些专业的全英文教学体系中。相关专业课程的设置，需要大量的全英文师资，这就要求教师结合自身的专业领域、EMI 教学能力以及 EMI 项目的整体目标来进行综合的课程设置考量。

由此可见，各校在开设全英文课程，提升教师的全英文授课能力时，应从我国高校实际情况出发，从 EMI 课程开设的现状入手，对其教学内容、教学对象、教学方法、教学评价及教学效果等进行综合分析，总结出本校专业课教师在开设 EMI 课程时的具体实践，认清 EMI 课程区别于传统的专业英语 ESP 课程和大学英语拓展课程的特点，分析所面临的挑战、问题和对策，并引入国外发展较为成熟的教学体系，从而对专业课教师的 EMI 教学能力进行提升。

由于 EMI 教学的多元化特征对专业课教师的教学能力提出了更高的要求，教师除具备基本的英语语言能力之外，还需提升英语教学语言能力，语言转换能力、跨文化能力、专业知识和评价能力、多种教学方法结合等特殊能力，在传授专业知识的同时引导和启发学生熟悉西方的思辨能力，尤其是聚焦逻辑思维和实证思维，从而有效提升课程教学效果并逐步建立合理有效可行的课程体系。

大学教师提升全英文教学能力，可以遵循以下几个步骤：

（一）综合了解、归纳分析

首先，要对现有的国内外高校 EMI 教学研究的相关成果进行详尽的搜集学习，并进行归纳分类，从中分析提炼出高校专业课教师开展 EMI 教学时所遇到的主要问题及其对教学效果带来的影响，在自身的教学实践中加以避免。

（二）组织调研、不断学习

对我校已开设的 EMI 课程进行广泛的调研，主要搜集教学内容、教学对象、授课教师、教学方法、教学评价及教学效果等多方面的材料，结合走访、座谈、在线问卷等多种形式，了解我校 EMI 教学的现状及问题，结合受众调查的分析结果，拟定自身的 EMI 教学的主要目标并进行阶段记录。

（三）教学跟踪、信息对比

选择一门同时开设中文授课和 EMI 授课的专业课程进行跟踪，根据第二阶段所提出的 EMI 教学能力基本框架，对两门授课教师的教学能力进行比对，验证教师 EMI 教学能力有别于传统教学能力之处，进一步探讨 EMI 教师教学能力的训练，并提出更为合理和完整的 EMI 教学能力要素。

（四）理论实践、循环互动

以全英文课堂的工作实践为基础，结合知识构建理论和认知规律，以及相关教学理论（CLIL，生态课堂等）和成功教学经验，提出具体可行的 EMI 教学能力培养或提升对策，并通过论文的形式产出研究成果，然后把理论应用到教学实践中再次检验，形成理论研究和实践工作的良性循环。

正如Goodman所言，尽管EMI已成为一种“全球现象”，但其发展需与各地实际情况紧密相关。对于我校的专业课教师而言，其经验不可直接借鉴于欧洲大陆国家或英语为第二语言的亚洲国家，甚至不能直接移植国内相关高校的实践经验，在所面临的挑战上也可能是前所未有的。因此，要想真正改善EMI课程的教学效果，实现EMI项目的远景目标，还应该从教师自身的教学能力抓起，并针对我校的作为外向型高校的具体情况进行有针对性的问题梳理和能力提升探讨。

五、结论

近年来，围绕EMI教学的研究逐渐增多，但很多是从国家政策方面、“双一流”高校建设层面提出高屋建瓴的理论，这些研究的确推动了各高校EMI教学的步伐。但在真正实践的过程中，高校EMI教师却面临着切实的问题与挑战，如教学经验不足、教学目标模糊、定位不明确、缺乏系统性等问题。因此，从具体实践角度出发，以提升EMI教学效果为目标的研究，可为教师提出切实可行的实践指导，助力高等教育国际化。

结合我校的实际情况来分析EMI教学开展以来出现的问题，探讨专业课教师在EMI教学中所应具备的教学能力及提升策略，可在对教师教学能力进行提升的同时，帮助构建我校EMI课程的教学理念、教学方法、课程体系及评估体系，使得EMI教师能预见到教学中可能面临的各方面挑战，以及应对挑战所需要的策略，并在可获得教学能力评价标准的情况下进行自我审查，查漏补缺，提升相应的EMI教学能力，从而开设出更为合理可行的全英文课程，真正服务于我校的课程国际化的推进。

参考文献

[1] Altbach, P. G. & Knight, J. The internationalization of higher education: Motivation and realities [J]. *Journal of Studies in International Education*, 2007.

[2] Berstein, B. *Pedagogy, symbolic control and identity.* London, UK: Taylor and Francis, 1996.

[3] Byun, K., Chu, H., Kim, M., Park, I., Kim, S., & Jung, J. English – medium teaching in Korean higher education: Policy debates and reality [J]. *Higher Education*, 62, 431 – 449, 2011.

[4] Dearden, Julie. *English as a medium of instruction – a growing global phenomenon.* British Council, 2016.

[5] Goodman, B. A. Implementing English as a medium of instruction in a Ukrainian University: Challenges, adjustments, and opportunities [J]. *International Journal of Pedagogies and Learning*, 9 (2), 130 – 141, 2014.

[6] Skelton A. *Understanding Teaching Excellence in Higher Education* [M]. Abingdon, UK: Routeledge, 2005.

[7] Tamtam, A. G., Gallagher, F., Olabi, A. G., & Naher, S. A comparative study of the implementation of EMI in Europe, Asia, and Africa [J]. *Procedia – Social and Behavioral Science*, 2012.

[8] Wenli Tsou, Shin – Mei Kao. *English as a Medium of Instruction in Higher Education* [M]. Springer, 2017.

[9] 胡壮麟. 高等教育国际化任重道远——读《高校英语教学模式（EMI）的超学科研究》[J]. 外语研究. 2015 (6).

[10] 李颖. 高校全英语教学模式（EMI）的超学科研究 [M]. 中国

社会科学出版社. 2014.

[11] 李颖. 高校全英文教学效果的实证研究 [J]. 中国外语, 2017 (1): 59 - 67.

[12] 李颖. 高校优质双语/EMI 课程的教师教学能力研究 [J]. 外语界, 2015 (2): 80 - 87.

[13] 牟鹏. 全球化背景下高校全英文教学的现状及启示 [J]. 中国高教研究. 2017 (9).

[14] 钱明智. EMI 课堂教学质量评估体系构建研究 [J]. 黑龙江教育学院学报. 2016 (1).

[15] 束定芳、庄智象. 现代外语教学——理论、实践与方法 [M]. 上海: 上海外语教育出版社, 2008.

华侨大学　外国语学院

现代人力资源管理视域下高校学生社团人员管理机制问题分析[①]

胡三嫚

摘　要： 现代人力资源管理有一套完整的人员选、育、用、留的科学理念与技术，将其运用于指导高校学生社团的人员管理对于高校社团的有效运作和功能充分发挥必将起到极大促进作用。以高校大学生社团人员管理所存在的主要问题为出发点，以现代人力资源管理基本理念与技术为基础，从人员选拔机制、指导机制、引导机制、激励机制与培训机制等视角提出了优化高校学生社团人员管理有效性的对策。

关键词： 高校学生社团；人力资源管理；激励机制；培训体系

一、引言

日趋成熟的现代人力资源管理理念和技术对企事业单位、政府机构等

① 基金项目：福建省教科规划项目"基于社团参与视角的大学生可雇佣性技能提升机制及策略研究"（项目编号：2013CG0776）。

各型组织人员的管理与组织战略的支撑起到了极大的促进作用。高校学生社团作为一个由大学生出于兴趣自发形成的非盈利性组织，其管理者多为在校学生，实际社会工作及管理经验的缺乏与社团对庞大学生群体管理所产生的需求相矛盾，这种现状使得高校学生社团人员管理亟待专业性人力资源管理理念及技术的引入与指导。基于此，国内部分学者开始逐步关注怎样将现代人力资源管理理念和技术运用于高校学生社团的人员管理活动中[1-3]。

本文以当前高校大学生社团人员管理基本现状与存在问题的分析为出发点，以现代人力资源管理关于“选人”“育人”“用人”“留人”等基本理念与技术为基础，提出了优化高校学生社团人员管理有效性的相关对策，以期有助于高校社团更有效地发挥“第二课堂”的引领的作用。

二、高校学生社团人员管理现状及问题分析

（一）高校学生社团人员选拔现状及问题分析

人力资源管理各项职能活动的基石在于人力资源规划与工作分析，这一基本理念在人员选拔这个环节体现得尤其突出。因为，只有通过这两项基石性活动，组织招聘时才能明确到底哪些岗位真正存在（现在或者未来）的人员需求、以及对于所需求人员的具体任职要求，并从而在此基础上制定详细的招聘计划等。然而，目前众多高校社团在对内部各层人员的选拔前期都缺乏明确的人力资源规划，没有对现在与未来一段时期内社团内部人力资源状况做出有效评估，对于社团内部各岗位进行系统的工作分析更是无从谈起，从而导致社团负责人在纳新前对真实的人员需求及供给情况不了解，制定出的纳新方案没有针对性，有时甚至还会导致某种类型

的人才出现断层的情况。这一方面源自社团负责人员均缺乏人力资源管理专业思维和方法的接触及训练，另一方面则来自于社团负责人在校学生身份所带来的任职时限性这一客观因素的影响。社团负责人一般由高年级学生担任，任职时间最多2年左右。而在此期间，他们还要首先履行好自己作为一名大学生的各项职责（专业课学习、毕业实习、毕业设计等），这也导致他们难以有动力从战略发展的角度关注自己所负责社团的人力资源规划问题。

对于社团负责人的选拔虽然有些社团形式上会采用比较民主的投票选举方式，但是在此过程中现任社长对于投票结果的影响力不容忽视。因为在换届选举之前大约半年的时间内，社长就开始对有可能接班的下一任社长以及其他管理岗位的人员进行重点培养，组织内部成员也都悉知这样的情况，所以投票的时候往往会将票投给前社长器重的人选，而缺乏自我的主观判断，使选举流于形式。

人力资源规划和工作分析的缺失对纳新活动带来的直接负面影响还在于人员选拔标准的不明确以及人员选拔方法的随意性选择。社团管理者们选择新干事时偏好使用面试法和无领导小组讨论等方法，然而对于这些方法的使用没有遵循“结构化”的指导思路，从评价内容制定、评分标准制定、评分程序制定到考官选拔和培训等皆缺乏严谨的论证与恰当的规划安排，从而极大程度上降低了人员选拔的有效性。

（二）高校学生社团人员培训现状及问题分析

现代人力资源管理强调对组织成员的培训不仅是组织发展和保持竞争力优势的需要，也是员工自身进步的必然要求。从大学生参与各种高校社团活动的动机来看，除了满足个人兴趣、充实课余时间等之外，通过这一重要的实践途径提升自己的综合素质、增强自己的就业能力也是他们所考量的重要因素[4]。因此，社团给予社团成员安排系统化的培训必将激发他们更大的社团活动投入度，提升他们对社团的认同感。然而，目前众多高校社团人员培训实际状况是：一方面，社团各负责人会得到相对较系统的官方培训，但一年仅一次的培训又显得频率太低，同时，培训内容缺乏针对性，对社团负责人社团管理能力的提升仅有一定指导性的意义，缺乏实用性；另一方面，针对社团内部人员的培训活动相对较少，而且较为零散，从而导致社团成员的参与性降低。即使是常用的并且相对有效的“老带新”的培训方式，其培训效果也会受制于老社员自身的素质与意愿水平，并且往往是以一对一的方式进行，也导致培训效率较为低下。

（三）高校学生社团人员绩效考核现状与问题分析

现代人力资源管理指出绩效管理的目的是为组织成员的有效工作行为建立一种科学的导向机制，它需要对绩效实现过程中各要素进行全面系统的作用，通过制定绩效考核目标，在持续不断沟通过程中激励组织成员持续改进绩效，从而达成组织目标[5]。绩效管理并不等同于绩效考核，而是一个包括绩效目标制定、绩效实施与沟通、绩效考核、绩效反馈四阶段的动态循环过程。然而，实际情形是，不论是学校层面对社团及社团负责人的考核，还是社团对内部人员的考核，都将绩效管理简单等同于绩效考核，也就是更多被动等待社团成员工作行为结果的出现而进行评价，从而失去了绩效管理能够带来对积极工作行为的引导作用。此外，相对于学校对社团和社团负责人考核较为明确的标准，社团对社团内部人员的考核还缺乏科学合理的评价标准和评价方法，更多只是凭社团负责人的经验和个人偏好做出评价。

（四）高校学生社团人员的激励与团队建设现状与问题分析

组织存在的目的是实现特定的组织目标，而在组织中工作的组织成员在为组织提供实现组织目标所需要的行为时，也需要得到组织的物质或者精神激励来作为回报。好的激励系统能够对组织成员的工作价值进行有效的认可，从而持续强化组织成员对组织的认同度和投入度。然而，由社团人员激励与团队建设实际状况分析可见，社团所获得的各种物质和精神的奖励更大程度上在向社团管理者倾斜，对其他社团成员工作行为的激励手段和激励幅度较为有限，这种个人主义倾向的激励政策无法有效衡量每个社团成员对社团的付出与贡献，容易滋生成员间的不公平感和激发核心成员的流失（有些优秀社团人才一旦竞争不上社长的位置就会感觉再待在社团中没有意义并进而退团），最终必将给社团的团队凝聚力带来巨大伤害。此外，从前文社团各方面实际状况的分析还可见，整个社团内部的权利都过度集中在社长一个人身上，在决策时，缺乏民主的科学决策手段，当社长出现判断失误的时候，往往会导致整个社团活动计划的失败。

三、现代人力资源管理视域下提升高校社团人员管理的对策分析

高校学生社团作为课堂教育的补充，是当前高校提高学生素质、培养综合型人才的重要载体。因此，高校学生社团的建设和管理水平对于提高当前高校人才的培养水平具有至关重要的作用[3]。现代人力资源管理强调人力资源规划、人员选拔、绩效与薪酬管理、培训与开发等人力资源管理模块是一个完整的体系，就像生物链一样，任何一个环节的缺失或者功能不良都会影响到整个人力资源管理系统的平衡，从而阻碍组织目标的达成。反观前文所分析的高校学生社团人员管理中的问题，我们可以看到，各个环节的确都存在明显问题，然而在提炼对策部分若是逐个模块进行分

析，最后可能出现的局面是对策看似有针对性，但是却无法解决根本问题。基于此，下文将结合现代人力资源管理的系统观，提出若干提升高校社团人员管理水平的综合管理对策。

（一）高校社团要以人力资源规划与工作分析为基础打造科学的选拔体系

高校社团人员具有规律性流动的特点，人员构成基本上每一年就有较大的变化，因此高校社团需要做好充分的人力资源规划，才能够有针对性地发挥高校社团的人力资源能量。要做好社团的人力资源规划，社团需要从以下三方面入手：（1）社团要尝试通过对社团组织、运作模式的分析，以及各类指标与人员需求关系分析，提炼社团人员配置规律，对未来实现社团运营目标带来的人员需求进行预测；（2）社团还要对社团现有社员情况、社员具有的知识和经验、社员具备的能力和潜力开发等方面进行分析，以实现对社团内部人力资源现状的系统盘点。与此同时，根据对本年度新生入学情况与学校社团情况的调查了解，较好实现对外部人力资源状况的供给预测；（3）根据以上所获得信息制定与社团发展战略相匹配的人力资源规划，比如纳新计划、社员接替与提升计划、培训与开发计划、社员激励计划、社员退出计划等。社团人力资源规划让人员选拔活动有了明确的方向，但是只有进行了工作分析，才能真正让纳新活动落地。社团可以采用工作实践法、关键事件法等工作分析方法来进行社团工作内容分析，提炼出社团主要岗位的职责和任职资格，从而让后续的纳新活动有明确的数量限制与选拔标准，进而能够有效避免社员进入社团以后一人多岗，人浮于事的低效率局面。在人员选拔方法的运用方面，社团需要注意用好面试法和无领导小组讨论法等常规和经典的方法，要采用“结构化”的思路指导人员选拔实践，提升人员选拔的质量。此外，对于会员的选择，社团也需要明确选择的焦点应放在追求会员的质量而不是数量，因此对于会员的吸纳也最好要经过规范化的选拔程序。需要强调的是，不论对于干事还是会员的筛选，在面试中一方面需要引入“真实工作预览”策略，也就是说要充分向申请人说明社团与应征岗位的真实情况，不要让新生对社团工作建立不切实际的幻想，从而引发后续低质量的社团参与行为[6]，另一方面还需要注意从价值观角度筛选与社团符合度高的真正人才。

（二）高校要以过程为导向创新对社团人员的指导机制

基于充分发挥高校学生社团“自我教育、自我管理、自我服务能力”的管理思维，当前高校对社团的建设和管理更为重视开始前的引导和结束时的考核，缺乏全过程的引导和激励。然而这种过度注重对社团管理人员的培训、考核与结果激励的管理思维与手段，并不利于整个社团管理效能的真正提升。因此，高校需要以社团活动过程为导向进一步创新对社团人员的指导机制，因为不论社团管理人员的管理能力的提升还是社团参与人员综合素质的增长都是在社团活动的过程中实现的。全过程的跟踪、反馈与指导才能够真正有助于社员的成长与发展。具体而言，高校可以采取如下举措：（1）加大社团兼职指导教师的数量。例如从工作量补贴或荣誉认可等方面提升专业教师提供社团指导的积极性，也可以聘请就职于企事业单位的优秀毕业生担任社团兼职指导教师等。（2）增强社团指导教师的指导力度与质量，例如在对社团负责人选拔阶段，社团指导教师就可以适当介入，一方面帮助学生完善社团管理者的选拔及培养机制，另一方面可作为外部面试官，参与社团负责人的竞职选拔，尤其是注意加大对社团负责人战略意识与责任心等维度考察的比重。

（三）高校社团要以社团文化建设为契机打造社员行为的良性引导机制

社团的核心是人，而能对人产生最深刻影响的是文化。社团如果缺乏自身社团文化的建设，将无法提高社员对社团的归属感及凝聚力，对社团成员的行为也将会带来错误的导向作用。组织文化包括物质层、制度层与精神层三方面的内容。从制度层来讲，应当一定程度上借鉴组织绩效管理先进的手段，通过绩效指标体系的设计和说明，让社员明确工作重点，更好地追求工作成果。社团活动期间，社团管理者要能随时就社员工作行为得失之处进行反馈与沟通，帮助社员持续的绩效成长。随后，又要能够及时、公正地对社员过去一段时间的工作绩效进行评估与反馈，肯定成绩，发现问题，为下一阶段工作的绩效改进做好准备。当然，在校大学生在社团组织中的岗位毕竟只具有“准工作岗位”的性质，岗位的绩效无法完全被量化，同时，社团组织所具有公益性质也决定着激发任职者的精神投入度比量化考核的力度更大。基于此，社团还需要借助于精神层面的社团文化建设来积极引导社团成员的工作行为。良好的社团文化对社团能起到包括导向、约束、激励、调适、凝聚、辐射等多方面的积极作用。社团文化中的理念和习惯一旦在各处生根发芽，便可以变成一种无形的力量持续推动与激发社团成员的积极工作行为。要想塑造良好的社团文化，首先可以让社员们了解什么是社团文化，为什么要进行社团文化建设。其次，可以通过周会、思想小结、树立先进典型、举办文体活动等方法。总之，加强学习是建设企业文化的重要途径。此外，社团文化还应该突出人本思想，倡导“全员管理”模式。社团组织结构应当扁平化，每个成员都应该是社团的管理者，其在社团中的具体角色完全由他个人在社团中发挥的作用决定，而没有严格的领导与被领导的关系。社团内部应该提倡平等协作与自由竞争，为每个社员发挥与提升能力提供同等的机会。总之，社团不可避免会发生人员交替，可是社团文化却将会以顽强的生命力在社团内部留存下来，在不断地总结和创造中，对一代一代的社团成员产生巨大的影响。

（四）高校要以激发社团活力为导向创新社团参与人员的激励机制

虽然高校对于社团活动积极提供各种渠道的资金支持，然而毕竟僧多粥少，难以满足大部分社团的正常运作。尤其是，相当一部分奖励最终落在社团管理人员身上，社团管理人员自身又缺乏充裕的资金渠道来对社团内部人员的积极工作行为作出价值的认可，从而一定程度上阻碍了社团内部人员的工作积极性。因此，高校需要从多方面创新对社团参与人员的激励机制，以激发社团活力。具体而言，高校可以采取如下举措：（1）积极扩宽社团资金支持的来源渠道，可以效仿校友群的建设机制，帮助社团建立社友联络系统，争取那些已毕业的优秀校友关注、支持其曾经参与的社团的发展，提供力所能及的资金支持，或者可以给予相关社团一定程度的产品经营权，使社团的运营与学生创业活动相结合，并一定程度上实现社团自负盈亏；（2）给予社团人员参与社团活动的学业价值认可，例如根据社团考核结果给予社团参与人员一定学分的认可或者是相关专业课程实践分的认定，这在一定程度上还能够提升社团管理者对社团内部人员激励的权限。

（五）高校社团要以内部培训体系建设为纽带打造独特的社团激励体系

社团的发展归根结底要依靠人员自身的发展，而培训是提升人员综合素质的有效途径，因此必须重视社团相关人员的培训工作。同时，社团毕竟不是一个盈利性的组织机构，所参与的人员也不是企业在职员工，相比于物质等方面的激励，对于社团参与人员而言，最看重的激励是参与社团过程中综合素质的锻炼和提升，也就是说能学到什么是他们关注的，这也是激发他们对社团活动执行和参与程度的根本性动力来源。基于此，高校社团要以内部培训体系建设为核心纽带打造独特的社团激励体系。那么，如何建造内部培训体系呢？结合当前企业人力资源管理的实践能给我们如下更多的启示：（1）一个好的内部培训体系的顺畅运行首先需要有一套科学、完备的培训制度作为保障，在让每位社员真正意识到社团培训的意义和作用的基础上，要建立良好的培训奖惩制度、培训评估制度让社员主动参与社团的培训活动；（2）内部培训体系的两大基石分别是内部培训师体系和内部培训课程体系。首先，选拔内部人员作为培训师一方面能够节约培训成本，更重要的一方面在于内部培训师作为内部人中一员能够更清晰地诊断社团问题之所在，从而更准确地把握社团的培训需求并运用更恰当的培训方法，被社团成员的接受程度也更高。例如培训讲师不必拘泥于专业人员，可以请校“十佳社团”的社长来分享管理经验，其讲课内容会比较有针对性、贴近实际。当然，与此同时，社团还要组织好相关培训技巧的培训，让这些优秀社团管理人员和实干家真正具备良好的培训课程设计、开发和实施的技巧，将其经验有效传递给其他社团成员。此外，可以借鉴企业界“导师制”的实践经验，设立必要的支持系统以及激励与监督机制来使社团内部“老带新”这种类似在职培训的模式能够充分发挥其效力。其次，由于社团人员为大学在校生的特殊性，面临人员规律性流动的客观情况，社团更加应该做好社团内部培训课程体系的建设工作。因为即使每学年都会面临一些临时性的、创意性的社团活动，但是存在着更多常规性的社团活动（比如纳新、迎新、社团文化节等），在实施这些社团活动中一届一届社团人所积累的经验需要以培训课程的方式留存下来，以更为高效率的方式提升新一届社团成员的综合素质水平。

参考文献

［1］周斌，费坚，林刚．高校学生社团人力资源管理探析［J］．江苏高教，2008（1）：119－120.

［2］林青，杨丽娜，曹宇．略论人力资源管理视角下的高校学生社团建设［J］．教育与职业，2011（23）：42－44.

［3］黄小明．高校学生社团组织管理探析—基于人力资源管理的视角［J］．中共银川市委党校学报，2014，16（4）：84－85.

［4］胡三嫚，刘明前．大学生就业能力实证研究：基于社团参与视角．宁波大学学报（教育科学版），2011，33（6）：87－91.

［5］张一驰，张正堂．人力资源管理教程（第二版）［M］．北京：北京大学出版社，2010.

［6］胡三嫚．大学生社团参与质量的实证研究［J］．高教探索，2012（1）：128－133.

华侨大学　工商管理学院

高校面对网络暴力的防范策略

彭正惠　沈琴琴

摘　要： 网络信息发达的时代，各种信息铺天盖地布散各个平台，同时由于其虚拟性及便于隐藏信息发布者真实资料的特点而容易为网络暴力提供滋生的土壤，很多偏激言论往往来自于那些从未被证实过的信息或部分已被证实的消息。对网络暴力行为的防范与制止必须从高校道德建设角度出发，立足学校道德传承与发展新模式，抓住学生这一高校主体。在提高学生道德自律的同时，注重网络法律法规建设，规范网络环境。加强网络文化建设，从高校德育工作的角度切入，做到切实降低网络暴力事件的发生率。

关键词： 网络暴力；学生；网络

随着信息时代的到来，基于互联网平台信息技术的不断发展和通讯载体的丰富和更新，互联网对人们生活的影响越来越大，已经深入到各个领域中。高校大学生作为社会最具活力的一个群体，更是深受互联网的影响。网络对高校学生来说是一把双刃剑，网络所携带的巨大信息量丰富了学生的精神世界、拓宽了知识面，对其发展有着积极作用。但是，在带来优势的同时，也存在着一些消极影响。网络的出现让高校学生陷入选择困惑，出现了许多新的道德问题，严重导致了一些规范的网络行为受到破坏，其中最具代表性的便是网络暴力。网络暴力实施者通过采用超越道德底线的方式对当事人进行恶意辱骂、诽谤、围攻等人身攻击，甚至曝光涉事者的一切个人隐私，导致事件当事人及其家属原本平淡如水的私生活饱受困扰，严重伤害当事人及家属的身心健康，网络暴力所包括的失范行为侵犯了当事人的合法权利，种种人身攻击以及伤害对社会的和谐健康发展造成了一定的不良影响。

一、当前网络暴力的行为表现

（一）以持续性谩骂表现的集体行为

在事件情节初步被报道出来时，尚未得到相关部门深入的调查核实或已经得到核实之后，部分网民就已经采用抱怨及吐槽的情绪化语言发表偏激言论，事件当事人的名誉和人格往往在网络的恶语评论中受到不同程度的侮辱，网络环境的纯洁性也遭受破坏。在刚发生不久的重庆公交坠落入水的事件刚报道出来，尚未核查确切原因时，就出现大部分网民对事故当中另一部小轿车女司机进行诋毁，抨击其穿高跟鞋越线驾驶等行为导致事故发生。直到打捞出来的公交车黑匣子录像视频显示，是女乘客因过站问题与司机口角相争、肢体冲突导致悲剧发生，才解除了之前对轿车女司机的种种恶劣诋毁[1]。

（二）以曝光当事人隐私视频相片的侮辱性行为

互联网时代的推广本是为言论自由提供平台支持，然而，网络暴力使言论自由发生了畸形性变化，以言论自由作为堂而皇之的借口，随意曝光当事人的隐私视频和相片，这种侮辱性的人身攻击是时下网络暴力的另一种常见行为。

（三）以不正当人肉搜索所表现的群众行为

大数据时代信息获取的途径更加便捷快速，通过各大引擎的信息搜索及交流发布很容易将当事人的隐私信息整合曝光。正确地使用人肉搜索可以为抓捕犯罪行动、揭开诈骗行为提供快捷通道，如果使用不当则可使这个功能成为害人的利器。

二、网络暴力的特征

（一）伪善性

网络暴力的外表必定被一定程度上的伪善所包装。网民是一个极其容易被裹挟的群体，他们往往会不自觉地进行道德审判。这个群体本着内心自以为是的正义对当事人进行责难，出发点有可能是正确的，但是在网络信息传播的过程中，这种言论大部分都是一些不实的东西，并不具有客观性。网民也没有经过全面系统地分析相关事件就肆意发表不当言论。所以网络暴力有着极度强烈的伪善性。

（二）现实性

在虚拟世界中的暴力行为最终很大可能演化成现实行为，因此，网络暴力是有现实性的。网络暴力一般由网民在网络上运用言语上的暴力行为对相关人进行辱骂和攻击，社会上称这种行为为“键盘侠”。随着网络影响力的扩大，网民不仅运用网络暴力对当事人进行网络上的人身攻击，更是通过一些渠道对相关人进行现实性的伤害。比如通过人肉搜索查找到当事人的真实信息，理所当然，就会发展到现实暴力的地步。这种情况的转变让网络暴力中的受害者受到极大的伤害，并直接影响到其生活。

（三）群体性

鲜明的群体性特征是网络暴力的又一表现。群体性特征主要由单一或者小范围的网民针对某件事或者人物进行大范围的口诛笔伐和言语暴力为开始，最终吸引到其他网民参与进来，演变成一种群体性攻击事件。在互联网时代，思想空前交汇、舆论观点激烈碰撞、网民素质参差不齐，这些因素的存在也就难以保证所有网民保持理性的状态去对待问题。每当互联网上出现一种新观点的时候，就会有许多有着相同看法和倾向的网民投身到这个观念中去。随着群体的不断扩大，发展到最后，极端言论就会触发极端行为[3]。

三、网络暴力形成的原因

（一）虚拟隐蔽化的网络媒体空间

心理学家弗洛伊德认为，人格上个人可以分为三个方面，即超我、自我和本我，“自我”的体现总是在行事上追求快乐的原则。网络平台隐蔽化的特性可以为网民任意展现自我提供空间支持，部分网民也就毫无顾忌地放纵自己。由此可见，网络暴力的群体藏匿在隐蔽空间里借助维护正义的口号而操作不切实或具有危害影响性的言论进行煽动，进而发展为群体性的暴力语言攻击。

（二）从众心理或偏激个性的网民心理特征

随着移动互联网的推广，越来越多的民众在手机等移动设备便可获取当天所发生的社会热点事件。年轻网民因此成为一群活跃的网络群体，这其中包括大部分的高校学生。虚拟网络和现实世界所存在的矛盾及冲突，会让这群网络平台的主力军迷惘、不知所向。网络环境虚拟化制约了现实社会的运行规则，“表现自我”的心里在网络平台得到肆意宣扬，而社会阅历不深的高校学生会在这种环境之中把网络作为一种逃避困难、宣泄情绪的独立需求。倘若这种情绪需求没有得到合适的控制、恰当地运用，很容易便会进入盲目从众的心理阶段或出现偏激的极端心理，从而引发网络暴力的滋生[4]。

（三）高校在德育环节和政府在法治监管环节的力度薄弱

目前，没有一套完整的机制来制约网络文化的发展并正确引导舆论的走向，网络空间有不同的思想观念在交流碰撞，在一定程度上影响了高校学生的思想信念基础，当扭曲的舆论充斥人生的成长阶段时，世界观、价值观及人生观受到不同程度的影响，人生进步的方向很容易就此走偏。另外，网络暴力所对应的失范行为的由来也是受制于相关法律法规的不成熟、对网络的监督力度不严、以及责任主体追究难落实等。维持网络平台的有序运行，就必须构建完善的网络法律制度体系，有效切实地运用法律和道德的双重手段合理控制网络舆论。在网络平台上，网民应该是虚拟网络的运行主体，而不应受制于电脑等网络设备操作的奴隶，网络世界的群众应规范、遵守规则地享受使用权[5]。

四、高校面对网络暴力的防范策略和相关途径

（一）加强主体道德建设，主动恪守网络素养

马克思曾经说过：“道德的基础是人类精神的自律。”[6]这一说法简洁明了地揭开人类道德的一个基本认识，道德从本质而言就是一种自律行为，自律能使社会自我规范化运行，是群众在内心上对自我的自觉要求，是人类灵魂的善良体现。由这个理论出发，高校领导探寻减少网络平台学生群体的暴力现象，改善规范学生群体的暴力行为，就必须加强道德自律，引导学生网络群体进行“克己”“自省”的道德修养。网络道德教育要取得良好的实践应从外在灌输教育转化到个体内在需求的升华，才能培养真正的网络道德意识。学生网络群体通过网络意识的提升能够在内心形成是非分明、善恶明了的清晰价值观，从而不断去完善自我。道德修养所传达的正能量能够为学生网络群体的成长带去欢愉的内心体验，使其更加自信积极地践行到网络文明建设中。同时，已经践行网络道德修养的学生群体也能成为网络文明监管的新生主力军，充分发挥自律的传递力量，对危害社会和谐建设的暴力、低俗言论进行有效引导或举报。这种监督带动的行为有利于制约网络暴力的发生，而且有利于进一步加深大学生网络群体的道德认识，促进我国互联网行业的健康发展。

（二）加强高校德育建设，引进多样式的德育活动

高校学生的思想道德教育长期以来备受党和国家的高度重视，在网络信息时代的进展过程中，高校应建立相适应的价值观念和内涵紧跟网络道德教育的需求。因此，高校领导在完善道德教育的过程中应明确引导学生

群体的是非意识，帮助培养学生对社会主义核心价值观的认知，加强法治理念的教育。高校学生只有不断学习和提升道德认知和鉴别能力，才能在复杂社会生活中养成洁身自好的修养习惯。

马克思曾经说过“人创造环境，同样，环境也创造人”[7]。这句话为网络环境影响高校学生的道德素质水平提供重要的理论依据，深刻说明了建设高校网络文化的重要性，这就要求高校要把工作的主阵场锁定在校园网络教育里，在教育课程里引入网络文化内容，加强对学生网络群体的舆论引导，积极建设健康的网络活动环境。同时，落实校园文化的规划体系，使网络文化建设能够并入高校学生情操陶冶的引导工作中，增强学生网络群体对落后文化的辨别分析能力，合理抵御腐朽文化，在网络平台上弘扬正确的道德观念，推动素质教育健康发展。此外，微博、微信公众号等新媒体平台的利用可以有效推动网络的道德教育。还有，以开设案例教学的方式，通过选修课堂的交流互动，可以让学生群体更加真切意识网络暴力的严重危害性，引发学生的深层思考。进一步把中华民族的传统美德教育与网络教育相结合，结合新时代教学模式改革，创新传统的美德课程教学，全面提升高校学生的道德教育水准。

（三）加强社会监督建设，完善法律指引

管理网络环境的一个重要举措是创立完善的法律体系。道德准则能够反映社会群众对共同价值的追求。社会秩序的运行需要相适应的法律制度及道德规范相互维持，但两者也有一些本质的区别。从外约束行为需要法律法规发挥强制作用，道德规范则是注重群众内心的自我管理。因此，高校开展网络教育需要从引导学生自我道德管理和进行法律法规学习两方面进行全面教学。

社会主义核心价值观对探索网络道德教育有明确的导向作用，特别是

多元文化的冲击之下，群众的观念和价值取向更需要社会主义核心价值体系的引领，才能促使网络文化得到健康持久地发展。因此，完善评价机制能够针对多元文化进行合理、科学的筛选，先进文化能够体现民族的团结精神和主流的社会主义价值观，应该给予充分肯定并宣扬推广；对社会影响不良的网络文化应改进修缮；坚决抵制落后腐朽文化的侵蚀。

道德规范更加倾向于群众的自我管理，对社会规则的遵循。而法律制度则从外而制约，带有权威的制约管理功能。1994 年颁发的《中华人民共和国计算机信息系统安全保护条例》是我国第一部维护信息网络安全的法律法规，以后陆续出台的《全国人大常委会关于维护互联网安全的决定》《互联网信息服务管理方法》《互联网上网服务营业场所管理条例》等相关文件，明确了更多网络信息管理的法律法规。这些法律法规，对网络存在的失范行为乃至违法犯罪的严厉打击有了更多的依据。然而，目前仍有很多失范的网络行为需要相关的法律法规进行规范。完善健全的法律机制能够使治理网络世界真正做到有法可依。

五、结论

网络平台是现代人了解信息、遨游世界的新窗口，群众享受网络平台带来的便捷乐趣的同时也应自觉规范自我的行为，遵守道德社会的规则，合理认清网络暴力的危害。高校学生作为网络平台的主力军，更应紧跟时代，学习社会主义核心价值观，学会明辨是非善恶，自觉抵制网络失范行为，积极学习网络教育的相关法律法规，成为网络暴力的监督者，引导健康舆论的传播，促进网络文明的持续进步。

参考文献

[1] 王玮．网络暴力：高校德育工作者怎样应对［J］．北京教育（德育），2009（1）：33－35.

[2] 吴春江，秦宇．高校德育规避网络暴力对策研究［J］．辽宁行政学院学报，2010（8）：80－81.

[3] 邱铁辉．浅析我国高校“校园网络暴力”问题［J］．金田，2014（5）：35－36.

[4] 陈亮，胡国栋．“网络暴力”现象与大学生角色扮演问题研究［J］．临沧师范高等专科学校学报，2015（2）：81－86.

[5] 贺进，王艳艳，贺志明．高校校园网络暴力的治理［J］．新丝路（下旬），2015（6）：69.

[6] 夏睿，何鹏．西部大学生参与网络暴力事件影响因素的实证研究［J］．天水师范学院学报，2015（6）：53－58.

[7] 王晓升．马克思对现代性问题的解答及其启示［J］．武汉科技大学学报（社会科学版），2018（6）：617－623.